法律

中华人民共和国

刑 法

注释红宝书

《法律法规注释红宝书》编写组 编

中国法治出版社
CHINA LEGAL PUBLISHING HOUSE

目　　录

中华人民共和国刑法

　　(1979 年 7 月 1 日第五届全国人民代表大会第二次会议通过　1997 年 3 月 14 日第八届全国人民代表大会第五次会议修订　根据 1998 年 12 月 29 日第九届全国人民代表大会常务委员会第六次会议通过的《全国人民代表大会常务委员会关于惩治骗购外汇、逃汇和非法买卖外汇犯罪的决定》、1999 年 12 月 25 日第九届全国人民代表大会常务委员会第十三次会议通过的《中华人民共和国刑法修正案》、2001 年 8 月 31 日第九届全国人民代表大会常务委员会第二十三次会议通过的《中华人民共和国刑法修正案（二）》、2001 年 12 月 29 日第九届全国人民代表大会常务委员会第二十五次会议通过的《中华人民共和国刑法修正案（三）》、2002 年 12 月 28 日第九届全国人民代表大会常务委员会第三十一次会议通过的《中华人民共和国刑法修正案（四）》、2005 年 2 月 28 日第十届全国人民代表大会常务委员会第十四次会议通过的《中华人民共和国刑法修正案（五）》、2006 年 6 月 29 日第十届全国人民代表大会常务委员会第二十二次会议通过的《中华人民共和国刑法修正案（六）》、2009 年 2 月 28 日第十一届全国人民代表大会常务委员会第七次会议通过的《中华人民共和国刑法修正案（七）》、2009 年 8 月 27 日第十一届全国人民代表大会常务委员会第十次会议通过的《全国人民代表大会常务委员会关于修改部分法律的决定》、2011 年 2 月 25 日第十一届全国人民代表大会常务委员会第十九次会议通过的《中华人民共和国刑法修正案（八）》、2015年8月29第十二届全国人民代表大会常务委员会第十六次会议通过的《中华人民共和国刑法修正案（九）》、2017年11月4日第十二届全国人民代表大会常务委员会第三十次会议通过的《中华人民共和国刑法修正案（十）》、2020年12月26日第十三届全国人民代表大会常务委员会第二十四次会议通过的《中华人民共和国刑法修正案（十一）》和2023年12月29日第十四届全国人民代表大会常务委员会第七次会议通过的《中华人民共和国刑法修正案（十二）》修正)①

---

①　刑法、历次刑法修正案、涉及修改刑法的决定的施行日期，分别依据各法律所规定的施行日期确定。

第一编　总　则

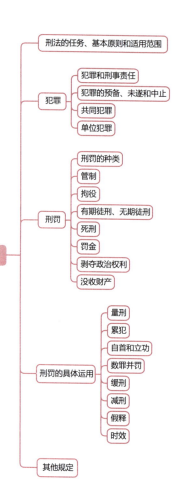

総則

- 刑法的任务、基本原则和适用范围
- 犯罪
  - 犯罪和刑事责任
  - 犯罪的预备、未遂和中止
  - 共同犯罪
  - 单位犯罪
- 刑罚
  - 刑罚的种类
  - 管制
  - 拘役
  - 有期徒刑、无期徒刑
  - 死刑
  - 罚金
  - 剥夺政治权利
  - 没收财产
- 刑罚的具体运用
  - 量刑
  - 累犯
  - 自首和立功
  - 数罪并罚
  - 缓刑
  - 减刑
  - 假释
  - 时效
- 其他规定

第一章　刑法的任务、基本原则和适用范围

第一条　【立法宗旨】① 为了惩罚犯罪，保护人民，根据宪法，结合我国同犯罪作斗争的具体经验及实际情况，制定本法。

第二条　【本法任务】中华人民共和国刑法的任务，是用刑罚同一切犯罪行为作斗争，以保卫国家安全，保卫人民民主专政的政权和社会主义制度，保护国有财产和劳动群众集体所有的财产，保护公民私人所有的财产，保护公民的人身权利、民主权利和其他权利，维护社会秩序、经济秩序，保障社会主义建设事业的顺利进行。

★★ **第三条**　【罪刑法定】法律明文规定为犯罪行为的，依照法律定罪处刑；法律没有明文规定为犯罪行为的，不得定罪处刑。

疑难注释

罪刑法定原则的含义是：法无明文规定不为罪，法无明文规定不处罚。这是刑法的铁则。

本条第一分句并不是关于罪刑法定原则的规定，其旨意是防止司法人员将有罪行为作无罪处理，是在强调法益保护机能。第二分句才是关于罪刑法定原则的规定，是在强调人权保障机能。在保护法益与保障人权这个天平上，罪刑法定原则是用来保障人权的，而非保护法益。

第四条　【适用刑法人人平等】对任何人犯罪，在适用法律上一律平等。不允许任何人有超越法律的特权。

★★ **第五条**　【罪责刑相适应】刑罚的轻重，应当与犯罪分子所

---

① 本书总则部分条文主旨为编者所加，分则条文主旨为根据司法解释的确定罪名所加。

犯罪行和承担的刑事责任相适应。

疑难注释

　　在考查不同犯罪人的人身危险性时，不能"一刀切"，应当具体地、个别化地判断在追求一般正义的同时注意实现个别正义。这便是刑罚个别化的理念。

★★　**第六条**　【属地管辖权】凡在中华人民共和国领域内犯罪的，除法律有特别规定的以外，都适用本法。

　　凡在中华人民共和国船舶或者航空器内犯罪的，也适用本法。

　　犯罪的行为或者结果有一项发生在中华人民共和国领域内的，就认为是在中华人民共和国领域内犯罪。

★★　**第七条**　【属人管辖权】中华人民共和国公民在中华人民共和国领域外犯本法规定之罪的，适用本法，但是按本法规定的最高刑为三年以下有期徒刑的，可以不予追究。

　　中华人民共和国国家工作人员和军人在中华人民共和国领域外犯本法规定之罪的，适用本法。

★★　**第八条**　【保护管辖权】外国人在中华人民共和国领域外对中华人民共和国国家或者公民犯罪，而按本法规定的最低刑为三年以上有期徒刑的，可以适用本法，但是按照犯罪地的法律不受处罚的除外。

★★　**第九条**　【普遍管辖权】对于中华人民共和国缔结或者参加的国际条约所规定的罪行，中华人民共和国在所承担条约义务的范围内行使刑事管辖权的，适用本法。

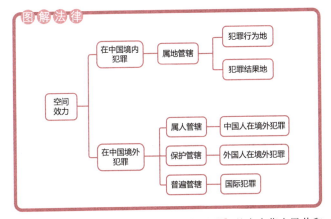

第十条 【**对外国刑事判决的消极承认**】凡在中华人民共和国领域外犯罪，依照本法应当负刑事责任的，虽然经过外国审判，仍然可以依照本法追究，但是在外国已经受过刑罚处罚的，可以免除或者减轻处罚。

★ **第十一条** 【**外交代表刑事管辖豁免**】享有外交特权和豁免权的外国人的刑事责任，通过外交途径解决。

★★ **第十二条** 【**刑法溯及力**】中华人民共和国成立以后本法施行以前的行为，如果当时的法律不认为是犯罪的，适用当时的法律；如果当时的法律认为是犯罪的，依照本法总则第四章第八节的规定应当追诉的，按照当时的法律追究刑事责任，但是如果本法不认为是犯罪或者处刑较轻的，适用本法。

本法施行以前，依照当时的法律已经作出的生效判决，继续有效。

第二章　犯　　罪

第一节　犯罪和刑事责任

★★　**第十三条**　【犯罪概念】一切危害国家主权、领土完整和安全，分裂国家、颠覆人民民主专政的政权和推翻社会主义制度，破坏社会秩序和经济秩序，侵犯国有财产或者劳动群众集体所有的财产，侵犯公民私人所有的财产，侵犯公民的人身权利、民主权利和其他权利，以及其他危害社会的行为，依照法律应当受刑罚处罚的，都是犯罪，但是情节显著轻微危害不大的，不认为是犯罪。

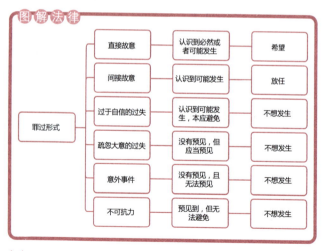

★★★　**第十四条**　【故意犯罪】明知自己的行为会发生危害社会的结

果，并且希望或者<u>放任</u>这种结果发生，因而构成犯罪的，是故意犯罪。

故意犯罪，应当负刑事责任。

★★★ **第十五条** 【过失犯罪】应当预见自己的行为可能发生危害社会的结果，<u>因为疏忽大意而没有预见</u>，或者<u>已经预见而轻信能够避免</u>，以致发生这种结果的，是过失犯罪。

过失犯罪，法律有规定的才负刑事责任。

★★ **第十六条** 【不可抗力和意外事件】行为在客观上虽然造成了损害结果，但是不是出于故意或者过失，而是由于<u>不能抗拒</u>或者<u>不能预见</u>的原因所引起的，不是犯罪。

★★★ **第十七条** 【刑事责任年龄】已满十六周岁的人犯罪，应当负刑事责任。

已满十四周岁不满十六周岁的人，犯故意杀人、故意伤害致人重伤或者死亡、强奸、抢劫、贩卖毒品、放火、爆炸、投放危险物质罪的，应当负刑事责任。

已满十二周岁不满十四周岁的人，犯故意杀人、故意伤害罪，致人死亡或者以特别残忍手段致人重伤造成严重残疾，情节恶劣，经最高人民检察院核准追诉的，应当负刑事责任。

对依照前三款规定追究刑事责任的不满十八周岁的人，应当从轻或者减轻处罚。

因不满十六周岁不予刑事处罚的，责令其父母或者其他监护人加以管教；在必要的时候，依法进行专门矫治教育。

疑难注释

　　1. 不满12周岁的人犯罪，不承担刑事责任。"周岁"，按照公历的年、月、日计算，从周岁生日的第二天起算。

2. 本条第2款规定的8种犯罪，是指具体犯罪行为而不是具体罪名。例如，已满15周岁的李某绑架并杀害人质张某。李某不构成绑架罪，但对其应以故意杀人罪定罪处罚。

★★ **第十七条之一** 【已满七十五周岁的人的刑事责任】已满七十五周岁的人故意犯罪的，可以从轻或者减轻处罚；过失犯罪的，应当从轻或者减轻处罚。

★★ **第十八条** 【特殊人员的刑事责任能力】精神病人在不能辨认或者不能控制自己行为的时候造成危害结果，经法定程序鉴定确认的，不负刑事责任，但是应当责令他的家属或者监护人严加看管和医疗；在必要的时候，由政府强制医疗。

间歇性的精神病人在精神正常的时候犯罪，应当负刑事责任。

尚未完全丧失辨认或者控制自己行为能力的精神病人犯罪的，应当负刑事责任，但是可以从轻或者减轻处罚。

醉酒的人犯罪，应当负刑事责任。

★★ **第十九条** 【又聋又哑的人或盲人犯罪的刑事责任】又聋又哑的人或者盲人犯罪，可以从轻、减轻或者免除处罚。

★★ **第二十条** 【正当防卫】为了使国家、公共利益、本人或者他人的人身、财产和其他权利免受正在进行的不法侵害，而采取的制止不法侵害的行为，对不法侵害人造成损害的，属于正当防卫，不负刑事责任。

正当防卫明显超过必要限度造成重大损害的，应当负刑事责任，但是应当减轻或者免除处罚。

对正在进行行凶、杀人、抢劫、强奸、绑架以及其他严重危及人身安全的暴力犯罪，采取防卫行为，造成不法侵害人伤亡的，不属于防卫过当，不负刑事责任。

疑难注释

1. 正当防卫的成立条件：（1）起因条件：存在不法侵害，包括犯罪行为、违法行为；（2）时间条件：不法侵害正在进行；（3）对象条件：必须针对不法侵害人进行；（4）意图条件：必须是为了使国家、公共利益、本人或者他人的人身、财产和其他权利免受不法侵害；（5）限度条件：没有明显超过必要限度造成重大损害。

2. 认定防卫过当的条件："明显超过必要限度"和"造成重大损害"，两者缺一不可。(1)"明显超过必要限度"，应当综合不法侵害的性质、手段、强度、危害程度和防卫的时机、手段、强度、损害后果等情节，考虑双方力量对比，立足防卫人防卫时所处情境，结合社会公众的一般认知作出判断。(2)"造成重大损害"是指造成不法侵害人重伤、死亡。造成轻伤及以下损害的，不属于重大损害。防卫行为虽然明显超过必要限度但没有造成重大损害的，不应认定为防卫过当。

3. 特殊防卫：(1) 下列行为应当认定为"行凶"：①使用致命性凶器，严重危及他人人身安全的；②未使用凶器或者未使用致命性凶器，但是根据不法侵害的人数、打击部位和力度等情况，确已严重危及他人人身安全的。虽然尚未造成实际损害，但已对人身安全造成严重、紧迫危险的，可以认定为"行凶"。(2) "杀人、抢劫、强奸、绑架"，是指具体犯罪行为而不是具体罪名。(3) "其他严重危及人身安全的暴力犯罪"，应当是与杀人、抢劫、强奸、绑架行为相当，并具有致人重伤或者死亡的紧迫危险和现实可能的暴力犯罪。

★★ 第二十一条 【紧急避险】为了使国家、公共利益、本人或者他人的人身、财产和其他权利免受正在发生的危险，不得已采取的紧急避险行为，造成损害的，不负刑事责任。

紧急避险超过必要限度造成不应有的损害的，<u>应当负刑事责任，但是应当减轻或者免除处罚。</u>

<u>第一款中关于避免本人危险的规定</u>，不适用于职务上、业务上负有特定责任的人。

疑难注释

1. 成立条件：（1）起因条件：面临现实的危险；（2）时间条件：危险正在发生；（3）意思条件：避险者有避险意思；（4）补充条件：迫不得已而为之；（5）限度条件：没有超过必要限度造成不应有的损害。

2. 正当防卫和紧急避险属于法定的排除犯罪事由。除此二者外，依法执行命令的行为、正当业务行为、经权利人承诺的行为（被害人承诺）、自救行为、义务冲突也属于排除犯罪事由的范畴。

3. 正当防卫与紧急避险的比较

种类	正当防卫	紧急避险
起因条件	制止不法侵害	避免危险
时间条件	不法侵害正在进行，紧迫程度高一些	危险正在发生，紧迫程度低一些
意思条件	偶然防卫	偶然避险
"不得已"条件	不要求不得已而为之	要求不得已而为之
限度条件	更宽松。防卫明显超过必要限度造成重大损害的，才属于防卫过当	更严格。避险超过必要限度造成不应有的损害的，便属于避险过当

第二节 犯罪的预备、未遂和中止

★★ **第二十二条** 【犯罪预备】为了犯罪，准备工具、制造条件的，是犯罪预备。

对于预备犯，可以比照既遂犯从轻、减轻处罚或者免除处罚。

★★★ **第二十三条** 【犯罪未遂】已经着手实行犯罪，由于犯罪分子意志以外的原因而未得逞的，是犯罪未遂。

对于未遂犯，可以比照既遂犯从轻或者减轻处罚。

疑难注释

着手的判断：(1) 抢劫罪：实施暴力、胁迫或者其他手段时是着手；(2) 诈骗罪：开始欺骗被害人时是着手；(3) 保险诈骗罪：向保险公司虚假理赔时是着手；(4) 强奸罪：实施暴力、胁迫或者其他手段时是着手；(5) 贪污罪：国家工作人员利用职务上的便利侵吞、窃取、骗取公共财物时是着手。

★★★ **第二十四条** 【犯罪中止】在犯罪过程中，自动放弃犯罪或者自动有效地防止犯罪结果发生的，是犯罪中止。

对于中止犯，没有造成损害的，应当免除处罚；造成损害的，应当减轻处罚。

第三节 共同犯罪

★★★ **第二十五条** 【共同犯罪的概念】共同犯罪是指二人以上共同故意犯罪。

二人以上共同过失犯罪，不以共同犯罪论处；应当负刑事责任的，按照他们所犯的罪分别处罚。

> **疑难注释**
>
> 　　主犯不一定是首要分子，首要分子不一定是主犯，但犯罪集团的首要分子一定是主犯。

★★ **第二十六条　【主犯】** 组织、领导犯罪集团进行犯罪活动的或者在共同犯罪中起主要作用的，是主犯。

　　三人以上为共同实施犯罪而组成的较为固定的犯罪组织，是犯罪集团。

　　对组织、领导犯罪集团的首要分子，按照集团所犯的全部罪行处罚。

　　对于第三款规定以外的主犯，应当按照其所参与的或者组织、指挥的全部犯罪处罚。

★★ **第二十七条　【从犯】** 在共同犯罪中起次要或者辅助作用的，是从犯。

　　对于从犯，应当从轻、减轻处罚或者免除处罚。

★★ **第二十八条　【胁从犯】** 对于被胁迫参加犯罪的，应当按照他的犯罪情节减轻处罚或者免除处罚。

★★ **第二十九条　【教唆犯】** 教唆他人犯罪的，应当按照他在共同犯罪中所起的作用处罚。教唆不满十八周岁的人犯罪的，应当从重处罚。

　　如果被教唆的人没有犯被教唆的罪，对于教唆犯，可以从轻或者减轻处罚。

> **疑难注释**
>
> 　　教唆犯，是指故意唆使并引起他人着手实施犯罪行为的人。教唆犯没有着手实施犯罪，而是通过实行者的实行行为实现对法益的侵害。

第四节　单位犯罪

★★　**第三十条**　【单位负刑事责任的范围】公司、企业、事业单位、机关、团体实施的危害社会的行为，法律规定为单位犯罪的，应当负刑事责任。

疑难注释

公司、企业、事业单位、机关、团体等单位实施刑法规定的危害社会的行为，刑法分则和其他法律未规定追究单位的刑事责任的，对组织、策划、实施该危害社会行为的人依法追究刑事责任。

★★　**第三十一条**　【单位犯罪的处罚原则】单位犯罪的，对单位判处罚金，并对其直接负责的主管人员和其他直接责任人员判处刑罚。本法分则和其他法律另有规定的，依照规定。

第三章 刑 罚

第一节 刑罚的种类

第三十二条 　**【主刑和附加刑】**刑罚分为主刑和附加刑。

★ **第三十三条** 　**【主刑种类】**主刑的种类如下：

（一）管制；

（二）拘役；

（三）有期徒刑；

（四）无期徒刑；

（五）死刑。

★ **第三十四条** 　**【附加刑种类】**附加刑的种类如下：

（一）罚金；

（二）剥夺政治权利；

（三）没收财产。

附加刑也可以独立适用。

第三十五条 　**【驱逐出境】**对于犯罪的外国人，可以独立适用或者附加适用驱逐出境。

★★ **第三十六条** 　**【赔偿经济损失与民事优先原则】**由于犯罪行为而使被害人遭受经济损失的，对犯罪分子除依法给予刑事处罚外，并应根据情况判处赔偿经济损失。

承担民事赔偿责任的犯罪分子，同时被判处罚金，其财产不足以全部支付的，或者被判处没收财产的，应当先承担对被害人的民事赔偿责任。

第三十七条 　**【非刑罚性处置措施】**对于犯罪情节轻微不需要判处刑罚的，可以免予刑事处罚，但是可以根据案件的不同情况，予以训诫或者责令具结悔过、赔礼道歉、赔偿损失，或者由主管部门予以行政处罚或者行政处分。

第三十七条之一 【利用职业便利实施犯罪的禁止限制】因利用职业便利实施犯罪，或者实施违背职业要求的特定义务的犯罪被判处刑罚的，人民法院可以根据犯罪情况和预防再犯罪的需要，禁止其刑罚执行完毕之日或者假释之日起从事相关职业，期限为三年至五年。

被禁止从事相关职业的人违反人民法院依照前款规定作出的决定的，由公安机关依法给予处罚；情节严重的，依照本法第三百一十三条的规定定罪处罚。

其他法律、行政法规对其从事相关职业另有禁止或者限制性规定的，从其规定。

疑难注释

1. 从业禁止自刑罚执行完毕之日或者假释之日起计算。这里的"刑罚"是指主刑，不包括附加刑。

2. 违反从业禁止，情节严重的，可能构成拒不执行判决、裁定罪。

第二节 管　　制

★★ **第三十八条** 【管制的期限与执行机关】管制的期限，为三个月以上二年以下。

判处管制，可以根据犯罪情况，同时禁止犯罪分子在执行期间从事特定活动，进入特定区域、场所，接触特定的人。

对判处管制的犯罪分子，依法实行社区矫正。

违反第二款规定的禁止令的，由公安机关依照《中华人民共和国治安管理处罚法》的规定处罚。

疑难注释

1. 管制是指对罪犯不予关押，但限制其一定自由，依法实行社区矫正的刑罚方法。

2. 期限为3个月以上2年以下，数罪并罚不超过3年；判决执行以前先行羁押的，羁押1日折抵刑期2日。

3. 对管制犯可以适用禁止令，但禁止令不能限制犯罪分子的正常生活。例如，不能禁止犯罪分子进入医院、公共厕所等。

★★ **第三十九条 【被管制罪犯的义务与权利】**被判处管制的犯罪分子，在执行期间，应当遵守下列规定：

（一）遵守法律、行政法规，服从监督；

（二）未经执行机关批准，不得行使言论、出版、集会、结社、游行、示威自由的权利；

（三）按照执行机关规定报告自己的活动情况；

（四）遵守执行机关关于会客的规定；

（五）离开所居住的市、县或者迁居，应当报经执行机关批准。

对于被判处管制的犯罪分子，在劳动中应当同工同酬。

第四十条 【管制期满解除】被判处管制的犯罪分子，管制期满，执行机关应即向本人和其所在单位或者居住地的群众宣布解除管制。

★★ **第四十一条 【管制刑期的计算和折抵】**管制的刑期，从判决执行之日起计算；判决执行以前先行羁押的，羁押一日折抵刑期二日。

第三节 拘 役

★★ 第四十二条 【拘役的期限】拘役的期限，为一个月以上六个月以下。

★★ 第四十三条 【拘役的执行】被判处拘役的犯罪分子，由公安机关就近执行。

在执行期间，被判处拘役的犯罪分子每月可以回家一天至两天；参加劳动的，可以酌量发给报酬。

> **疑难注释**
>
> 1. 拘役是短期剥夺犯罪人自由，就近实行劳动改造的刑罚方法。
> 2. 拘役的期限为 1 个月以上 6 个月以下，数罪并罚不超过 1 年。
> 3. 公安机关在就近的看守所或者其他监管场所执行。

★★ 第四十四条 【拘役刑期的计算和折抵】拘役的刑期，从判决执行之日起计算；判决执行以前先行羁押的，羁押一日折抵刑期一日。

第四节 有期徒刑、无期徒刑

★★ 第四十五条 【有期徒刑的期限】有期徒刑的期限，除本法第五十条、第六十九条规定外，为六个月以上十五年以下。

★★ 第四十六条 【有期徒刑与无期徒刑的执行】被判处有期徒刑、无期徒刑的犯罪分子，在监狱或者其他执行场所执行；凡有劳动能力的，都应当参加劳动，接受教育和改造。

疑难注释

1. 有期徒刑：（1）剥夺犯罪人一定期限的人身自由，实行强制劳动改造；（2）期限为 6 个月以上 15 年以下，数罪并罚时，有期徒刑总和刑期不满 35 年的，最高不能超过 20 年，总和刑期在 35 年以上的，最高不能超过 25 年；（3）由监狱或其他执行场所执行。

2. 无期徒刑：（1）剥夺犯罪人终身自由，实行强制劳动改造的刑罚方法；（2）应当附加剥夺政治权利终身；（3）凡有劳动能力的，都应当参加劳动，接受教育和改造；（4）减为有期徒刑的，刑期从裁定减刑之日起计算；（5）对已满 14 周岁不满 16 周岁的人犯罪一般不判处无期徒刑。

★★ **第四十七条** 　【有期徒刑刑期的计算与折抵】有期徒刑的刑期，从判决执行之日起计算；判决执行以前先行羁押的，羁押一日折抵刑期一日。

第五节　死　　刑

★★ **第四十八条** 　【死刑、死缓的适用对象及核准程序】死刑只适用于罪行极其严重的犯罪分子。对于应当判处死刑的犯罪分子，如果不是必须立即执行的，可以判处死刑同时宣告缓期二年执行。

死刑除依法由最高人民法院判决的以外，都应当报请最高人民法院核准。死刑缓期执行的，可以由高级人民法院判决或者核准。

★★ **第四十九条** 　【死刑适用对象的限制】犯罪的时候不满十八周岁的人和审判的时候怀孕的妇女，不适用死刑。

审判的时候已满七十五周岁的人，不适用死刑，但以特别残忍手段致人死亡的除外。

疑难注释

1. 死刑缓期执行是死刑的一种执行方式，老、少、孕不适用死刑，包括不适用死刑缓期执行。

2. 不满18周岁的人不适用死刑，是指犯罪的时候不满18周岁。

3. "审判的时候"包括整个羁押期间，即审前羁押期间、审判期间和判决后执行期间。

4. "怀孕的妇女"：（1）在整个羁押期间怀过孕，即使又流产，仍视为怀孕的妇女；（2）怀孕是否违反计划生育政策、是自然流产或人工流产都是怀孕的妇女。

★★ **第五十条** 【**死缓变更**】判处死刑缓期执行的，在死刑缓期执行期间，如果没有故意犯罪，二年期满以后，减为无期徒刑；如果确有重大立功表现，二年期满以后，减为二十五年有期徒刑；如果故意犯罪，情节恶劣的，报请最高人民法院核准后执行死刑；对于故意犯罪未执行死刑的，死刑缓期执行的期间重新计算，并报最高人民法院备案。

对被判处死刑缓期执行的累犯以及因故意杀人、强奸、抢劫、绑架、放火、爆炸、投放危险物质或者有组织的暴力性犯罪被判处死刑缓期执行的犯罪分子，人民法院根据犯罪情节等情况可以同时决定对其限制减刑。

★★ **第五十一条** 【**死缓期间及减为有期徒刑的刑期计算**】死刑缓期执行的期间，从判决确定之日起计算。死刑缓期执行减为有期徒刑的刑期，从死刑缓期执行期满之日起计算。

第六节 罚　金

★★ **第五十二条** 【**罚金数额的裁量**】判处罚金，应当根据犯罪情节决定罚金数额。

> **疑难注释**
>
> 　　罚金的数额是根据犯罪情节而非经济状况确定。
> 　　对未成年人犯罪应当从轻或者减轻判处罚金，但罚金的最低数额不能少于500元。

★★ **第五十三条** 　【罚金的缴纳】罚金在判决指定的期限内一次或者分期缴纳。期满不缴纳的，强制缴纳。对于不能全部缴纳罚金的，人民法院在任何时候发现被执行人有可以执行的财产，应当随时追缴。

　　由于遭遇不能抗拒的灾祸等原因缴纳确实有困难的，经人民法院裁定，可以延期缴纳、酌情减少或者免除。

第七节　剥夺政治权利

★★ **第五十四条** 　【剥夺政治权利的含义】剥夺政治权利是剥夺下列权利：

　　（一）选举权和被选举权；

　　（二）言论、出版、集会、结社、游行、示威自由的权利；

　　（三）担任国家机关职务的权利；

　　（四）担任国有公司、企业、事业单位和人民团体领导职务的权利。

★★ **第五十五条** 　【剥夺政治权利的期限】剥夺政治权利的期限，除本法第五十七条规定外，为一年以上五年以下。

　　判处管制附加剥夺政治权利的，剥夺政治权利的期限与管制的期限相等，同时执行。

★★ **第五十六条** 　【剥夺政治权利的附加、独立适用】对于危害国家安全的犯罪分子应当附加剥夺政治权利；对于故意杀人、强奸、放火、爆炸、投毒、抢劫等严重破坏社会秩序的犯罪分子，可以附加剥夺政治权利。

独立适用剥夺政治权利的，依照本法分则的规定。

★★ **第五十七条** 【对死刑、无期徒刑犯罪剥夺政治权利的适用】对于被判处死刑、无期徒刑的犯罪分子，应当剥夺政治权利终身。

在死刑缓期执行减为有期徒刑或者无期徒刑减为有期徒刑的时候，应当把附加剥夺政治权利的期限改为三年以上十年以下。

★★ **第五十八条** 【剥夺政治权利的刑期计算、效力与执行】附加剥夺政治权利的刑期，从徒刑、拘役执行完毕之日或者从假释之日起计算；剥夺政治权利的效力当然施用于主刑执行期间。

被剥夺政治权利的犯罪分子，在执行期间，应当遵守法律、行政法规和国务院公安部门有关监督管理的规定，服从监督；不得行使本法第五十四条规定的各项权利。

第八节 没 收 财 产

★★ **第五十九条** 【没收财产的范围】没收财产是没收犯罪分子个人所有财产的一部或者全部。没收全部财产的，应当对犯罪分子个人及其扶养的家属保留必需的生活费用。

在判处没收财产的时候，不得没收属于犯罪分子家属所有或者应有的财产。

★★ **第六十条** 【以没收的财产偿还债务】没收财产以前犯罪分子所负的正当债务，需要以没收的财产偿还的，经债权人请求，应当偿还。

第四章　刑罚的具体运用

第一节　量　刑

第六十一条　【量刑的一般原则】对于犯罪分子决定刑罚的时候，应当根据犯罪的事实、犯罪的性质、情节和对于社会的危害程度，依照本法的有关规定判处。

★　**第六十二条　【从重处罚与从轻处罚】**犯罪分子具有本法规定的从重处罚、从轻处罚情节的，应当在法定刑的限度以内判处刑罚。

★★　**第六十三条　【减轻处罚】**犯罪分子具有本法规定的减轻处罚情节的，应当在法定刑以下判处刑罚；本法规定有数个量刑幅度的，应当在法定量刑幅度的下一个量刑幅度内判处刑罚。

犯罪分子虽然不具有本法规定的减轻处罚情节，但是根据案件的特殊情况，经最高人民法院核准，也可以在法定刑以下判处刑罚。

第六十四条　【犯罪物品的处理】犯罪分子违法所得的一切财物，应当予以追缴或者责令退赔；对被害人的合法财产，应当及时返还；违禁品和供犯罪所用的本人财物，应当予以没收。没收的财物和罚金，一律上缴国库，不得挪用和自行处理。

第二节　累　犯

★★★　**第六十五条　【一般累犯】**被判处有期徒刑以上刑罚的犯罪分子，刑罚执行完毕或者赦免以后，在五年以内再犯应当判处有期徒刑以上刑罚之罪的，是累犯，应当从重处罚，但是过失犯罪和不满十八周岁的人犯罪的除外。

前款规定的期限，对于被假释的犯罪分子，从假释期满之日起计算。

疑难注释

1. 累犯的成立条件：（1）前后罪都必须是故意犯罪；（2）前后罪都必须是已满18周岁的人犯罪；（3）前后罪必须是被判处或者应当被判处有期徒刑以上刑罚；（4）后罪发生在前罪刑罚执行完毕或者赦免以后5年内。

2. 累犯既是一项重要的法定量刑情节，也是一项重要的量刑制度。"刑罚执行完毕"，是指刑罚执行到期应予释放之日。认定累犯，确定刑罚执行完毕以后"五年内"的起始日期，应当从刑满释放之日起计算。

3. 累犯的法律后果：应当从重处罚，不适用缓刑、假释，同时对被判处死缓的累犯，可限制减刑。

★★ **第六十六条** 【特别累犯】危害国家安全犯罪、恐怖活动犯罪、黑社会性质的组织犯罪的犯罪分子，在刑罚执行完毕或者赦免以后，在任何时候再犯上述任一类罪的，都以累犯论处。

第三节 自首和立功

★★★ **第六十七条** 【自首和坦白】犯罪以后自动投案，如实供述自己的罪行的，是自首。对于自首的犯罪分子，可以从轻或者减轻处罚。其中，犯罪较轻的，可以免除处罚。

被采取强制措施的犯罪嫌疑人、被告人和正在服刑的罪犯，如实供述司法机关还未掌握的本人其他罪行的，以自首论。

犯罪嫌疑人虽不具有前两款规定的自首情节，但是如实供述自己罪行的，可以从轻处罚；因其如实供述自己罪行，避免特别严重后果发生的，可以减轻处罚。

疑难注释

　　犯罪嫌疑人被亲友采用捆绑等手段送到司法机关，或者在亲友带领侦查人员前来抓捕时无拒捕行为，并如实供述犯罪事实的，虽然不能认定为自动投案，但可以参照法律对自首的有关规定酌情从轻处罚。

⭐⭐ **第六十八条**　【立功】犯罪分子有揭发他人犯罪行为，查证属实的，或者提供重要线索，从而得以侦破其他案件等立功表现的，可以从轻或者减轻处罚；有重大立功表现的，可以减轻或者免除处罚。

疑难注释

　　1. **一般立功**：（1）阻止他人实施犯罪活动的；（2）检举、揭发监狱内外犯罪活动，或者提供重要的破案线索，经查证属实的；（3）协助司法机关抓捕其他犯罪嫌疑人的；（4）在生产、科研中进行技术革新，成绩突出的；（5）在抗御自然灾害或者排除重大事故中，表现积极的；（6）对国家和社会有其他较大贡献的。第4项、第6项中的技术革新或者其他较大贡献应当由罪犯在刑罚执行期间独立或者为主完成，并经省级主管部门确认。

　　2. **重大立功**：（1）阻止他人实施重大犯罪活动的；（2）检举监狱内外重大犯罪活动，经查证属实的；（3）协助司法机关抓捕其他重大犯罪嫌疑人的；（4）有发明创造或者重大技术革新的；（5）在日常生产、生活中舍己救人的；（6）在抗御自然灾害或者排除重大事故中，有突出表现的；（7）对国家和社会有其他重大贡献的。

第四节 数罪并罚

★★ 第六十九条 【数罪并罚的一般原则】判决宣告以前一人犯数罪的，除判处死刑和无期徒刑的以外，应当在总和刑期以下、数刑中最高刑期以上，酌情决定执行的刑期，但是管制最高不能超过三年，拘役最高不能超过一年，有期徒刑总和刑期不满三十五年的，最高不能超过二十年，总和刑期在三十五年以上的，最高不能超过二十五年。

数罪中有判处有期徒刑和拘役的，执行有期徒刑。数罪中有判处有期徒刑和管制，或者拘役和管制的，有期徒刑、拘役执行完毕后，管制仍须执行。

数罪中有判处附加刑的，附加刑仍须执行，其中附加刑种类相同的，合并执行，种类不同的，分别执行。

疑难注释

1. 吸收原则：（1）死刑+其他主刑=死刑；（2）无期徒刑+其他主刑=无期徒刑；（3）有期徒刑+拘役=有期徒刑。

2. 并科原则：（1）有期徒刑+管制=有期徒刑+管制（分别执行）；（2）拘役+管制=拘役+管制（分别执行）；（3）主刑+附加刑=主刑+附加刑（分别执行）。

★★ 第七十条 【判决宣告后发现漏罪的并罚】判决宣告以后，刑罚执行完毕以前，发现被判刑的犯罪分子在判决宣告以前还有其他罪没有判决的，应当对新发现的罪作出判决，把前后两个判决所判处的刑罚，依照本法第六十九条的规定，决定执行的刑罚。已经执行的刑期，应当计算在新判决决定的刑期以内。

★★ 第七十一条 【判决宣告后又犯新罪的并罚】判决宣告以后，刑罚执行完毕以前，被判刑的犯罪分子又犯罪的，应当对新犯的罪作出判决，把前罪没有执行的刑罚和后罪所判处的刑罚，依照本法第六十九条的规定，决定执行的刑罚。

第五节　缓　　刑

★★　**第七十二条**　【适用条件】对于被判处拘役、三年以下有期徒刑的犯罪分子，同时符合下列条件的，可以宣告缓刑，对其中不满十八周岁的人、怀孕的妇女和已满七十五周岁的人，应当宣告缓刑：

（一）犯罪情节较轻；

（二）有悔罪表现；

（三）没有再犯罪的危险；

（四）宣告缓刑对所居住社区没有重大不良影响。

宣告缓刑，可以根据犯罪情况，同时禁止犯罪分子在缓刑考验期限内从事特定活动，进入特定区域、场所，接触特定的人。

被宣告缓刑的犯罪分子，如果被判处附加刑，附加刑仍须执行。

★★　**第七十三条**　【考验期限】拘役的缓刑考验期限为原判刑期以上一年以下，但是不能少于二个月。

有期徒刑的缓刑考验期限为原判刑期以上五年以下，但是不能少于一年。

缓刑考验期限，从判决确定之日起计算。

★★　**第七十四条**　【累犯不适用缓刑】对于累犯和犯罪集团的首要分子，不适用缓刑。

★★　**第七十五条**　【缓刑犯应遵守的规定】被宣告缓刑的犯罪分子，应当遵守下列规定：

（一）遵守法律、行政法规，服从监督；

（二）按照考察机关的规定报告自己的活动情况；

（三）遵守考察机关关于会客的规定；

（四）离开所居住的市、县或者迁居，应当报经考察机关批准。

★★ **第七十六条**　【缓刑的考验及其积极后果】对宣告缓刑的犯罪分子，在缓刑考验期限内，依法实行社区矫正，如果没有本法第七十七条规定的情形，缓刑考验期满，原判的刑罚就不再执行，并公开予以宣告。

疑难注释

"原判的刑罚就不再执行"，意指根本没有执行刑罚。因此，在缓刑考验期内又犯新罪，或者考验期满后又犯新罪的，都不构成累犯。也即，缓刑无累犯。

★★ **第七十七条**　【缓刑的撤销及其处理】被宣告缓刑的犯罪分子，在缓刑考验期限内犯新罪或者发现判决宣告以前还有其他罪没有判决的，应当撤销缓刑，对新犯的罪或者新发现的罪作出判决，把前罪和后罪所判处的刑罚，依照本法第六十九条的规定，决定执行的刑罚。

被宣告缓刑的犯罪分子，在缓刑考验期限内，违反法律、行政法规或者国务院有关部门关于缓刑的监督管理规定，或者违反人民法院判决中的禁止令，情节严重的，应当撤销缓刑，执行原判刑罚。

第六节　减　　刑

★★ **第七十八条**　【减刑条件与限度】被判处管制、拘役、有期徒刑、无期徒刑的犯罪分子，在执行期间，如果认真遵守监规，接受教育改造，确有悔改表现的，或者有立功表现的，可以减刑；有下列重大立功表现之一的，应当减刑：

（一）阻止他人重大犯罪活动的；

（二）检举监狱内外重大犯罪活动，经查证属实的；

（三）有发明创造或者重大技术革新的；

（四）在日常生产、生活中舍己救人的；

（五）在抗御自然灾害或者排除重大事故中，有突出表现的；

（六）对国家和社会有其他重大贡献的。

减刑以后实际执行的刑期不能少于下列期限：

（一）判处管制、拘役、有期徒刑的，不能少于原判刑期的二分之一；

（二）判处无期徒刑的，不能少于十三年；

（三）人民法院依照本法第五十条第二款规定限制减刑的死刑缓期执行的犯罪分子，缓期执行期满后依法减为无期徒刑的，不能少于二十五年，缓期执行期满后依法减为二十五年有期徒刑的，不能少于二十年。

疑难注释

1. 对拒不认罪悔罪的，或者确有履行能力而不履行或者不全部履行生效裁判中财产性判项的，一般不予减刑。

2. 被判处 10 年以上有期徒刑，符合减刑条件的，执行 3 年以上方可减刑；被判处不满 10 年有期徒刑，符合减刑条件的，执行 2 年以上方可减刑。

3. 被判处无期徒刑，符合减刑条件的，执行 4 年以上方可减刑。

★★　**第七十九条**　【减刑程序】对于犯罪分子的减刑，由执行机关向中级以上人民法院提出减刑建议书。人民法院应当组成合议庭进行审理，对确有悔改或者立功事实的，裁定予以减刑。非经法定程序不得减刑。

★★　**第八十条**　【无期徒刑减刑的刑期计算】无期徒刑减为有期

徒刑的刑期，从裁定减刑之日起计算。

第七节 假 释

★★★ **第八十一条** 【假释的适用条件】被判处有期徒刑的犯罪分子，执行原判刑期二分之一以上，被判处无期徒刑的犯罪分子，实际执行十三年以上，如果认真遵守监规，接受教育改造，确有悔改表现，没有再犯罪的危险的，可以假释。如果有特殊情况，经最高人民法院核准，可以不受上述执行刑期的限制。

对累犯以及因故意杀人、强奸、抢劫、绑架、放火、爆炸、投放危险物质或者有组织的暴力性犯罪被判处十年以上有期徒刑、无期徒刑的犯罪分子，不得假释。

对犯罪分子决定假释时，应当考虑其假释后对所居住社区的影响。

疑难注释

禁止适用假释的情形：（1）累犯；（2）故意杀人、强奸、抢劫、绑架、放火、爆炸、投放危险物质被判处 10 年以上有期徒刑、无期徒刑的犯罪分子；（3）有组织的暴力性犯罪被判处 10 年以上有期徒刑、无期徒刑的犯罪分子；（4）被判处终身监禁的犯罪分子；（5）拒不认罪悔罪；（6）有能力履行而不履行或者不全部履行生效的财产性判项。

★★ **第八十二条** 【假释的程序】对于犯罪分子的假释，依照本法第七十九条规定的程序进行。非经法定程序不得假释。

★★ **第八十三条** 【假释的考验期限】有期徒刑的假释考验期限，为没有执行完毕的刑期；无期徒刑的假释考验期限为十年。

假释考验期限，从假释之日起计算。

疑难注释

　　缓刑考验期限，从判决确定之日起计算；无期徒刑减为有期徒刑的刑期，从裁定减刑之日起计算；假释考验期限，从假释之日起计算；管制、拘役和有期徒刑的刑期，都是从判决执行之日起计算；死缓的期间，从判决确定之日起计算；死缓减为有期徒刑的刑期，从死缓执行期满之日起计算。

★★ **第八十四条　【假释犯应遵守的规定】** 被宣告假释的犯罪分子，应当遵守下列规定：

　　（一）遵守法律、行政法规，服从监督；

　　（二）按照监督机关的规定报告自己的活动情况；

　　（三）遵守监督机关关于会客的规定；

　　（四）离开所居住的市、县或者迁居，应当报经监督机关批准。

★★ **第八十五条　【假释考验及其积极后果】** 对假释的犯罪分子，在假释考验期限内，依法实行社区矫正，如果没有本法第八十六条规定的情形，假释考验期满，就认为原判刑罚已经执行完毕，并公开予以宣告。

★★ **第八十六条　【假释的撤销及其处理】** 被假释的犯罪分子，在假释考验期限内犯新罪，应当撤销假释，依照本法第七十一条的规定实行数罪并罚。

　　在假释考验期限内，发现被假释的犯罪分子在判决宣告以前还有其他罪没有判决的，应当撤销假释，依照本法第七十条的规定实行数罪并罚。

　　被假释的犯罪分子，在假释考验期限内，有违反法律、行政法规或者国务院有关部门关于假释的监督管理规定的行为，尚未构成新的犯罪的，应当依照法定程序撤销假释，收监执行未执行完毕的刑罚。

第八节 时 效

★★ **第八十七条** 【追诉时效期限】犯罪经过下列期限不再追诉：

（一）法定最高刑为不满五年有期徒刑的，经过五年；

（二）法定最高刑为五年以上不满十年有期徒刑的，经过十年；

（三）法定最高刑为十年以上有期徒刑的，经过十五年；

（四）法定最高刑为无期徒刑、死刑的，经过二十年。如果二十年以后认为必须追诉的，须报请最高人民检察院核准。

疑难注释

1. 法定最高刑为拘役、管制或者被单处附加刑的，属于法定最高刑不满5年有期徒刑，追诉期限为5年。

2. 法定最高刑不满5年有期徒刑，不包括本数。如果法定最高刑为5年，应经过10年不再追诉。

3. 共同犯罪人的追诉期限分别计算。

★★ **第八十八条** 【追诉期限的延长】在人民检察院、公安机关、国家安全机关立案侦查或者在人民法院受理案件以后，逃避侦查或者审判的，不受追诉期限的限制。

被害人在追诉期限内提出控告，人民法院、人民检察院、公安机关应当立案而不予立案的，不受追诉期限的限制。

★★ **第八十九条** 【追诉期限的计算与中断】追诉期限从犯罪之日起计算；犯罪行为有连续或者继续状态的，从犯罪行为终了之日起计算。

在追诉期限以内又犯罪的，前罪追诉的期限从犯后罪之日起计算。

第五章 其他规定

★ **第九十条** 【民族自治地方刑法适用的变通】民族自治地方不能全部适用本法规定的，可以由自治区或者省的人民代表大会根据当地民族的政治、经济、文化的特点和本法规定的基本原则，制定变通或者补充的规定，报请全国人民代表大会常务委员会批准施行。

★★ **第九十一条** 【公共财产的范围】本法所称公共财产，是指下列财产：

（一）国有财产；

（二）劳动群众集体所有的财产；

（三）用于扶贫和其他公益事业的社会捐助或者专项基金的财产。

在国家机关、国有公司、企业、集体企业和人民团体管理、使用或者运输中的私人财产，以公共财产论。

★★ **第九十二条** 【公民私人所有财产的范围】本法所称公民私人所有的财产，是指下列财产：

（一）公民的合法收入、储蓄、房屋和其他生活资料；

（二）依法归个人、家庭所有的生产资料；

（三）个体户和私营企业的合法财产；

（四）依法归个人所有的股份、股票、债券和其他财产。

★★ **第九十三条** 【国家工作人员的范围】本法所称国家工作人员，是指国家机关中从事公务的人员。

国有公司、企业、事业单位、人民团体中从事公务的人员和国家机关、国有公司、企业、事业单位委派到非国有公司、企业、事业单位、社会团体从事公务的人员，以及其他依照法律从事公务的人员，以国家工作人员论。

★★ **第九十四条** 【司法工作人员的范围】本法所称司法工作人

员，是指有侦查、检察、审判、监管职责的工作人员。

★★ **第九十五条** 【**重伤**】本法所称重伤，是指有下列情形之一的伤害：

（一）使人肢体残废或者毁人容貌的；

（二）使人丧失听觉、视觉或者其他器官机能的；

（三）其他对于人身健康有重大伤害的。

★ **第九十六条** 【**违反国家规定之含义**】本法所称违反国家规定，是指违反全国人民代表大会及其常务委员会制定的法律和决定，国务院制定的行政法规、规定的行政措施、发布的决定和命令。

★★ **第九十七条** 【**首要分子的范围**】本法所称首要分子，是指在犯罪集团或者聚众犯罪中起组织、策划、指挥作用的犯罪分子。

★★ **第九十八条** 【**告诉才处理的含义**】本法所称告诉才处理，是指被害人告诉才处理。如果被害人因受强制、威吓无法告诉的，人民检察院和被害人的近亲属也可以告诉。

疑难注释

　　我国刑法中的告诉才处理的犯罪有侮辱罪、诽谤罪、暴力干涉婚姻自由罪、侵占罪和虐待罪五种。在刑法规定的属于自诉案件的罪名中，只有侵占罪是"绝对"的自诉案件。其他的自诉案件，如侮辱、诽谤案，暴力干涉婚姻自由案、虐待案，都存在着公诉的可能。例如，如果行为人的侮辱、诽谤行为严重危害社会秩序和国家利益的，就不属于"告诉才处理"，司法机关可以主动追究。

第九十九条 【**以上、以下、以内之界定**】本法所称以上、以下、以内，包括本数。

第一百条 【**前科报告制度**】依法受过刑事处罚的人，在入伍、就业的时候，应当如实向有关单位报告自己曾受过刑事处罚，不得隐瞒。

犯罪的时候不满十八周岁被判处五年有期徒刑以下刑罚的人，免除前款规定的报告义务。

第一百零一条　【总则的效力】本法总则适用于其他有刑罚规定的法律，但是其他法律有特别规定的除外。

第二编　分　则

分则
- 危害国家安全罪
- 危害公共安全罪
- 破坏社会主义市场经济秩序罪
- 侵犯公民人身权利、民主权利罪
- 侵犯财产罪
- 妨害社会管理秩序罪
- 危害国防利益罪
- 贪污贿赂罪
- 渎职罪
- 军人违反职责罪

第一章　危害国家安全罪

　　第一百零二条　【背叛国家罪】勾结外国，危害中华人民共和国的主权、领土完整和安全的，处无期徒刑或者十年以上有期徒刑。

　　与境外机构、组织、个人相勾结，犯前款罪的，依照前款的规定处罚。

疑难注释

　　本罪是行为犯，也是性质最严重的犯罪。《刑法》对构成本罪没有规定情节方面的要求，并不要求已经造成危害国家主权、领土完整和安全的实际后果。只要行为人着手实施了勾结外国或者与境外机构、组织、个人相勾结，危害国家领土主权、领土完整和安全的行为，不管是在密谋、策划阶段，还是已付诸实施，都应当立案追究。

　　第一百零三条　【分裂国家罪】组织、策划、实施分裂国家、破坏国家统一的，对首要分子或者罪行重大的，处无期徒刑或者十年以上有期徒刑；对积极参加的，处三年以上十年以下有期徒刑；对其他参加的，处三年以下有期徒刑、拘役、管制或者剥夺政治权利。

★　【煽动分裂国家罪】煽动分裂国家、破坏国家统一的，处五年以下有期徒刑、拘役、管制或者剥夺政治权利；首要分子或者罪行重大的，处五年以上有期徒刑。

> **疑难注释**
>
> 　　分裂国家罪与一般民族纠纷、民族矛盾的界限：由于此类犯罪处理不好将会直接影响到民族团结问题，为此，要严格区分罪与非罪的界限，对因一般民族纠纷、民族矛盾引起的群众性事件，不应按犯罪处理。

　　第一百零四条　【武装叛乱、暴乱罪】组织、策划、实施武装叛乱或者武装暴乱的，对首要分子或者罪行重大的，处无期徒刑或者十年以上有期徒刑；对积极参加的，处三年以上十年以下有期徒刑；对其他参加的，处三年以下有期徒刑、拘役、管制或者剥夺政治权利。

　　策动、胁迫、勾引、收买国家机关工作人员、武装部队人员、人民警察、民兵进行武装叛乱或者武装暴乱的，依照前款的规定从重处罚。

　　第一百零五条　【颠覆国家政权罪】组织、策划、实施颠覆国家政权、推翻社会主义制度的，对首要分子或者罪行重大的，处无期徒刑或者十年以上有期徒刑；对积极参加的，处三年以上十年以下有期徒刑；对其他参加的，处三年以下有期徒刑、拘役、管制或者剥夺政治权利。

★　**【煽动颠覆国家政权罪】**以造谣、诽谤或者其他方式煽动颠覆国家政权、推翻社会主义制度的，处五年以下有期徒刑、拘役、管制或者剥夺政治权利；首要分子或者罪行重大的，处五年以上有期徒刑。

疑难注释

　　分裂国家罪与颠覆国家政权罪的界限：两罪的行为方式相同，虽然都包含组织、策划、实施的行为，但它们的直接客体是不同的，前罪侵犯的是国家的统一，后罪侵犯的是人民民主专政的政权和社会主义制度。另外，两者在主观方面也不同，前罪的目的是分裂统一的多民族国家，后罪的目的是颠覆人民民主专政和推翻社会主义制度。分裂国家的行为与颠覆政权的行为不尽相同。国家被分裂，但政权依然可能存在。反过来说，政权被颠覆了而国家没有分裂的现象也屡见不鲜。

　　第一百零六条 　**【与境外勾结的处罚规定】**与境外机构、组织、个人相勾结，实施本章第一百零三条、第一百零四条、第一百零五条规定之罪的，依照各该条的规定从重处罚。

★ 　**第一百零七条** 　**【资助危害国家安全犯罪活动罪】**境内外机构、组织或者个人资助实施本章第一百零二条、第一百零三条、第一百零四条、第一百零五条规定之罪的，对直接责任人员，处五年以下有期徒刑、拘役、管制或者剥夺政治权利；情节严重的，处五年以上有期徒刑。

疑难注释

　　本罪是行为犯，《刑法》对构成本罪没有规定情节方面的要求，并不要求已经造成实际的危害后果。只要境内外机构、组织或者个人实施了资助行为，不论被资助人是否已实施危害国家安全的行为，都应当立案追究。本罪资助的范围是特定的，即《刑法》第102条、第103条、第104条、第105条规定的背叛国家罪，分裂国家罪，煽动分裂国家罪，武装叛乱、暴乱罪，颠覆国家政权罪，煽动颠覆国家政权罪这六种犯罪行为，如果资助实施上述行为以外的其他危害国家安全的犯罪行为，则不构成本罪，可以按所犯罪行的共犯论处。

★ **第一百零八条** 【投敌叛变罪】投敌叛变的，处三年以上十年以下有期徒刑；情节严重或者带领武装部队人员、人民警察、民兵投敌叛变的，处十年以上有期徒刑或者无期徒刑。

疑难注释

本罪与背叛国家罪的界限。背叛国家罪危害的是国家的主权、领土完整和安全，这一客体的涉及面远比本罪的客体广泛得多。本罪侵犯的是国家统一，国家主权和安全没有落入外国人之手，因而与勾结外国、使国家主权和安全落入外国之手的背叛国家罪是不同的。但是国家统一这个概念，并不完全等于领土完整。国家没有统一，也可能领土完整；国家统一，也可能领土不完整。因为国家统一是对内而言的，领土完整是对外而言的。在客观方面两罪也不同。本罪不以勾结外国为要件，后罪则正好相反。总之，本罪与后罪的关系是内乱与外患的关系。

★ **第一百零九条** 【叛逃罪】国家机关工作人员在履行公务期间，擅离岗位，叛逃境外或者在境外叛逃的，处五年以下有期徒刑、拘役、管制或者剥夺政治权利；情节严重的，处五年以上十年以下有期徒刑。

掌握国家秘密的国家工作人员叛逃境外或者在境外叛逃的，依照前款的规定从重处罚。

疑难注释

　　本罪主体为特殊主体，是国家机关工作人员以及掌握国家秘密的国家工作人员。国家机关工作人员，是指在国家机关，包括国家权力机关、行政机关、监察机关、审判机关、检察机关中依照法律从事公务的人员（军人叛逃的构成军人违反职责罪）。从实际情况考虑，中国共产党的各级机关、中国人民政治协商会议的各级机关中从事公务的人员，也应属于国家机关工作人员。掌握国家秘密的国家工作人员可以成为本罪主体，国家工作人员，既指国家机关中从事公务的人员，也包括国有公司、企业、事业单位、人民团体中从事公务的人员和国家机关、国有公司、企业、事业单位委派到非国有公司、企业、事业单位、社会团体从事公务的人员，以及其他依照法律从事公务的人员。

　　值得注意的是，这些人员并非任何时候都可以构成犯罪主体，时间限定为"履行公务期间"。

★★ **第一百一十条** 【间谍罪】有下列间谍行为之一，危害国家安全的，处十年以上有期徒刑或者无期徒刑；情节较轻的，处三年以上十年以下有期徒刑：

　　（一）参加间谍组织或者接受间谍组织及其代理人的任务的；

　　（二）为敌人指示轰击目标的。

疑难注释

　　国家机关工作人员叛逃后又参加间谍组织或者接受间谍任务，触犯叛逃罪和间谍罪的，数罪并罚。

★★ **第一百一十一条** 【为境外窃取、刺探、收买、非法提供国家秘密、情报罪】为境外的机构、组织、人员窃取、刺探、收买、非法提供国家秘密或者情报的，处五年以上十年以下有期徒刑；情节特别严重的，处十年以上有期徒刑或者无期徒刑；情节较轻的，处五年以下有期徒刑、拘役、管制或者剥夺政治权利。

疑难注释

1. 国家秘密包括绝密、机密与秘密。

2. 情报，是指关系国家安全和利益、尚未公开或者依照有关规定不应公开的事项，不包括一般情报。

3. 将国家秘密通过互联网予以发布，情节严重的，成立故意泄露国家秘密罪；通过互联网将国家秘密或情报非法发送给境外机构、组织、人员的，构成为境外窃取、刺探、收买、非法提供国家秘密、情报罪。

第一百一十二条 【资敌罪】战时供给敌人武器装备、军用物资资敌的，处十年以上有期徒刑或者无期徒刑；情节较轻的，处三年以上十年以下有期徒刑。

第一百一十三条 【危害国家安全罪适用死刑、没收财产的规定】本章上述危害国家安全罪行中，除第一百零三条第二款、第一百零五条、第一百零七条、第一百零九条外，对国家和人民危害特别严重、情节特别恶劣的，可以判处死刑。

犯本章之罪的，可以并处没收财产。

第二章　危害公共安全罪

★★★ **第一百一十四条**　【放火罪】【决水罪】【爆炸罪】【投放危险物质罪】【以危险方法危害公共安全罪】放火、决水、爆炸以及投放毒害性、放射性、传染病病原体等物质或者以其他危险方法危害公共安全，尚未造成严重后果的，处三年以上十年以下有期徒刑。

疑难注释

1. 放火罪的主体为已满14周岁的自然人。

2. 以危险方法危害公共安全罪，是指使用与放火、爆炸、决水、投放危险物质等危险性相当的其他危险方法危害公共安全的行为。

3. 下列行为构成以危险方法危害公共安全罪：（1）破坏矿井通风设备，危害公共安全；（2）私拉电网，危害公共安全；（3）驾驶机动车放任危害结果出现，造成重大伤亡事故；（4）在高速公路上高速逆向行驶；（5）在发生交通事故后驾驶机动车横冲直撞，造成重大伤亡。

★★ **第一百一十五条**　【放火罪】【决水罪】【爆炸罪】【投放危险物质罪】【以危险方法危害公共安全罪】放火、决水、爆炸以及投放毒害性、放射性、传染病病原体等物质或者以其他危险方法致人重伤、死亡或者使公私财产遭受重大损失的，处十年以上有期徒刑、无期徒刑或者死刑。

【失火罪】【过失决水罪】【过失爆炸罪】【过失投放危险物质罪】【过失以危险方法危害公共安全罪】过失犯前款罪的，处三年以上七年以下有期徒刑；情节较轻的，处三年以下有期徒刑或者拘役。

★★ **第一百一十六条** 【**破坏交通工具罪**】破坏火车、汽车、电车、船只、航空器，足以使火车、汽车、电车、船只、航空器发生倾覆、毁坏危险，尚未造成严重后果的，处三年以上十年以下有期徒刑。

疑难注释

　　本罪是危险犯，只要行为人破坏了正在使用中的交通工具，并且足以使交通工具发生倾覆、毁坏危险，威胁到不特定多数人的人身和财产安全，就构成犯罪，应当立案追究，不要求实际已经造成严重后果。

　　本罪的犯罪对象，仅限于法定的正在使用的火车、汽车、电车、船只、航空器等大型的现代化交通工具。这些交通工具机动性强、价值高、速度快、载运量大，一旦遭受破坏，使之颠覆或毁损，就可能造成不特定多人重伤、死亡，或者公私财产的重大损失。破坏自行车、手推车等简单交通工具，虽然也可能造成人身伤亡或财产损失，但有其局限性，不足以危害公共安全，不构成本罪；视情节可定为故意毁坏财物罪，或者故意杀人罪、故意伤害罪。

★★ **第一百一十七条** 【**破坏交通设施罪**】破坏轨道、桥梁、隧道、公路、机场、航道、灯塔、标志或者进行其他破坏活动，足以使火车、汽车、电车、船只、航空器发生倾覆、毁坏危险，尚未造成严重后果的，处三年以上十年以下有期徒刑。

疑难注释

　　从现实生活中来看，交通设施的对象范围可以具体分为以下五种：(1) 正在使用的铁路干线、支线、地方铁路、专用铁路线路、地下铁路和随时可能投入使用的备用线以及线路上的隧道、桥梁和用于指示车辆行驶的信号标志等；（2）用于公路运输的公路干线及支线，包括高速公路、国道、省道、地方公路以及线路上的隧道、桥梁、信号和重要标志等；（3）用于飞机起落的军用机场、民用机场的跑道、停机坪以及用于指挥飞机起落的指挥系统，用于导航的灯塔、标志等；（4）用于船只航行的内河、内湖航道、我国领海内的海运航道、导航标志和灯塔等；（5）用于运输、旅游、森林采伐的空中索道及设施等。

★★ **第一百一十八条　【破坏电力设备罪】【破坏易燃易爆设备罪】** 破坏电力、燃气或者其他易燃易爆设备，危害公共安全，尚未造成严重后果的，处三年以上十年以下有期徒刑。

疑难注释

根据《刑法》第118条、第119条第1款的规定，故意破坏电力设备，足以危害公共安全的，应当立案追究。破坏电力设备，下列情形属于"严重后果"：（1）造成1人以上死亡、3人以上重伤或者10人以上轻伤的；（2）造成1万以上用户电力供应中断6小时以上，致使生产、生活受到严重影响的；（3）造成直接经济损失100万元以上的；（4）造成其他危害公共安全严重后果的。

破坏电力设备罪是危险犯，只要行为人破坏了正在使用中的电力设备，并且足以危害不特定的人身和财产安全，不要求实际已经造成严重后果，就构成犯罪，应当立案追究。

★★ **第一百一十九条** 【破坏交通工具罪】【破坏交通设施罪】【破坏电力设备罪】【破坏易燃易爆设备罪】破坏交通工具、交通设施、电力设备、燃气设备、易燃易爆设备，造成严重后果的，处十年以上有期徒刑、无期徒刑或者死刑。

【过失损坏交通工具罪】【过失损坏交通设施罪】【过失损坏电力设备罪】【过失损坏易燃易爆设备罪】过失犯前款罪的，处三年以上七年以下有期徒刑；情节较轻的，处三年以下有期徒刑或者拘役。

★★ **第一百二十条** 【组织、领导、参加恐怖组织罪】组织、领导恐怖活动组织的，处十年以上有期徒刑或者无期徒刑，并处没收财产；积极参加的，处三年以上十年以下有期徒刑，并处罚金；其他参加的，处三年以下有期徒刑、拘役、管制或者剥夺政治权利，可以并处罚金。

犯前款罪并实施杀人、爆炸、绑架等犯罪的，依照数罪并罚的规定处罚。

疑难注释

具有下列情形之一的，应当认定为"组织、领导恐怖活动组织"，以组织、领导恐怖组织罪定罪处罚：（1）发起、建立恐怖活动组织的；（2）恐怖活动组织成立后，对组织及其日常运行负责决策、指挥、管理的；（3）恐怖活动组织成立后，组织、策划、指挥该组织成员进行恐怖活动的；（4）其他组织、领导恐怖活动组织的情形。

具有下列情形之一的，应当认定为"积极参加"，以参加恐怖组织罪定罪处罚：（1）纠集他人共同参加恐怖活动组织的；（2）多次参加恐怖活动组织的；（3）曾因参加恐怖活动组织、实施恐怖活动被追究刑事责任或者2年内受过行政处罚，又参加恐怖活动组织的；（4）在恐怖活动组织中实施恐怖活动且作用突出的；（5）在恐怖活动组织中积极协助组织、领导者实施组织、领导行为的；（6）其他积极参加恐怖活动组织的情形。

参加恐怖活动组织，但不具有前述情形的，应当认定为"其他参加"，以参加恐怖组织罪定罪处罚。

★ **第一百二十条之一** 【帮助恐怖活动罪】资助恐怖活动组织、实施恐怖活动的个人的，或者资助恐怖活动培训的，处五年以下有期徒刑、拘役、管制或者剥夺政治权利，并处罚金；情节严重的，处五年以上有期徒刑，并处罚金或者没收财产。

为恐怖活动组织、实施恐怖活动或者恐怖活动培训招募、运送人员的，依照前款的规定处罚。

单位犯前两款罪的，对单位判处罚金，并对其直接负责的主管人员和其他直接责任人员，依照第一款的规定处罚。

第一百二十条之二 【准备实施恐怖活动罪】有下列情形之一的，处五年以下有期徒刑、拘役、管制或者剥夺政治权利，并处罚金；情节严重的，处五年以上有期徒刑，并处罚金或者没收财产：

（一）为实施恐怖活动准备凶器、危险物品或者其他工具的；

（二）组织恐怖活动培训或者积极参加恐怖活动培训的；

（三）为实施恐怖活动与境外恐怖活动组织或者人员联络的；

（四）为实施恐怖活动进行策划或者其他准备的。

有前款行为，同时构成其他犯罪的，依照处罚较重的规定定罪处罚。

疑难注释

　　本罪属于预备犯，在司法实践中处罚预备犯是极为例外的现象，即某种预备行为的发展必将或者极有可能造成重大法益侵害时，才作为犯罪处罚。恐怖主义组织实施的犯罪预备行为便具有这种特征，行为人的犯罪故意确定，且确实要继续实施特定的恐怖行为，一旦着手实施，往往会对公共安全造成极大破坏，引起严重的社会恐慌。此外，当下的恐怖活动形成组织的速度快，组织形式多样，有些并没有明确的组织形式，集团性不明显，很难认定为恐怖活动组织。对于这些组织所进行的准备、培训、策划等行为，很难按照组织、领导、参加恐怖活动组织犯罪进行处罚。因此，从形势政策的角度考虑，尽早对恐怖活动做好安全防范工作，将恐怖活动消灭在萌芽状态，才能更好地预防恐怖主义犯罪。

★　**第一百二十条之三　【宣扬恐怖主义、极端主义、煽动实施恐怖活动罪】** 以制作、散发宣扬恐怖主义、极端主义的图书、音频视频资料或者其他物品，或者通过讲授、发布信息等方式宣扬恐怖主义、极端主义的，或者煽动实施恐怖活动的，处五年以下有期徒刑、拘役、管制或者剥夺政治权利，并处罚金；情节严重的，处五年以上有期徒刑，并处罚金或者没收财产。

疑难注释

　　行为人只要实施了宣扬恐怖主义、极端主义或者煽动他人实施恐怖活动的行为，且行为人所采取的宣扬、煽动的手段在客观上有传达到他人的可能性，就构成本罪，而不论受众人数多寡，是否看到所宣扬的内容，是否受所宣扬内容的影响继而实施恐怖活动等因素的影响。如果行为人所采取的手段在客观上没有传播可能性的，则不成立本罪的既遂。

★　**第一百二十条之四**　【利用极端主义破坏法律实施罪】利用极端主义煽动、胁迫群众破坏国家法律确立的婚姻、司法、教育、社会管理等制度实施的，处三年以下有期徒刑、拘役或者管制，并处罚金；情节严重的，处三年以上七年以下有期徒刑，并处罚金；情节特别严重的，处七年以上有期徒刑，并处罚金或者没收财产。

疑难注释

　　本罪属于行为犯，只要行为人利用极端主义实施了煽动、胁迫群众破坏国家法律确立的婚姻、司法、教育、社会管理等制度实施的行为，就构成犯罪既遂，不论被煽动、胁迫的对象是否接受煽动、胁迫实施破坏行为，也不论被煽动者破坏法律实施的行为是否得逞，是否造成严重后果，都构成本罪的既遂。构成本罪的前提是利用极端主义，对于没有利用极端主义煽动、胁迫他人破坏国家法律制度实施的，或者基于个人狭隘、愚昧思想，对宗教教义、民族风俗产生不正确理解，并进而破坏国家法律制度实施，构成犯罪的，依照刑法其他规定定罪处罚，不构成犯罪的，依法予以行政处罚或者进行批评、教育。

　　第一百二十条之五　【强制穿戴宣扬恐怖主义、极端主义服饰、标志罪】以暴力、胁迫等方式强制他人在公共场所穿着、佩戴宣扬恐怖主义、极端主义服饰、标志的，处三年以下有期徒刑、拘役或者管制，并处罚金。

第一百二十条之六 **【非法持有宣扬恐怖主义、极端主义物品罪】** 明知是宣扬恐怖主义、极端主义的图书、音频视频资料或者其他物品而非法持有，情节严重的，处三年以下有期徒刑、拘役或者管制，并处或者单处罚金。

★★ **第一百二十一条** **【劫持航空器罪】** 以暴力、胁迫或者其他方法劫持航空器的，处十年以上有期徒刑或者无期徒刑；致人重伤、死亡或者使航空器遭受严重破坏的，处死刑。

疑难注释

> 犯本罪致人重伤、死亡或者使航空器遭受严重破坏的，是我国刑法中仅有的绝对死刑的规定。

★ **第一百二十二条** **【劫持船只、汽车罪】** 以暴力、胁迫或者其他方法劫持船只、汽车的，处五年以上十年以下有期徒刑；造成严重后果的，处十年以上有期徒刑或者无期徒刑。

疑难注释

> 劫持火车的，构成破坏交通工具罪。

★ **第一百二十三条** **【暴力危及飞行安全罪】** 对飞行中的航空器上的人员使用暴力，危及飞行安全，尚未造成严重后果的，处五年以下有期徒刑或者拘役；造成严重后果的，处五年以上有期徒刑。

疑难注释

> 本罪是危险犯，《刑法》对此没有规定情节方面的要求，只要行为人对飞行中的航空器上的人员使用暴力，足以危及飞行安全的，无论是否造成了严重后果，都应当立案追究。

第一百二十四条 【破坏广播电视设施、公用电信设施罪】破坏广播电视设施、公用电信设施，危害公共安全的，处三年以上七年以下有期徒刑；造成严重后果的，处七年以上有期徒刑。

【过失损坏广播电视设施、公用电信设施罪】过失犯前款罪的，处三年以上七年以下有期徒刑；情节较轻的，处三年以下有期徒刑或者拘役。

★★ **第一百二十五条** 【非法制造、买卖、运输、邮寄、储存枪支、弹药、爆炸物罪】非法制造、买卖、运输、邮寄、储存枪支、弹药、爆炸物的，处三年以上十年以下有期徒刑；情节严重的，处十年以上有期徒刑、无期徒刑或者死刑。

【非法制造、买卖、运输、储存危险物质罪】非法制造、买卖、运输、储存毒害性、放射性、传染病病原体等物质，危害公共安全的，依照前款的规定处罚。

单位犯前两款罪的，对单位判处罚金，并对其直接负责的主管人员和其他直接责任人员，依照第一款的规定处罚。

疑难注释

根据《刑法》第125条和《最高人民法院关于审理非法制造、买卖、运输枪支、弹药、爆炸物等刑事案件具体应用法律若干问题的解释》第1条的规定，违反国家有关枪支、弹药、爆炸物的管理法规，个人或者单位非法制造、买卖、运输、邮寄、储存枪支、弹药、爆炸物，具有下列情形之一的，应当立案追究：（1）非法制造、买卖、运输、邮寄、储存军用枪支1支以上的；（2）非法制造、买卖、运输、邮寄、储存以火药为动力发射枪弹的非军用枪支1支以上或者以压缩气体等为动力的其他非军用枪支2支以上的；（3）非法制造、买卖、运输、邮寄、储存军用子弹10发以上、气枪铅弹 500 发以上或者其他非军用子弹 100 发以上的；（4）非法制造、买卖、运输、邮寄、储存手榴弹 1 枚以上的；（5）非法制造、买卖、运输、邮寄、储存爆炸装置的；（6）非法制造、买卖、运输、邮寄、储存炸药、发射药、黑火药 1000 克以上或者烟火药 3000 克以上、雷管 30 枚以上或者导火索、导爆索 30 米以上的；（7）具有生产爆炸物品资格的单位不按照规定的品种制造，或者具有销售、使用爆炸物品资格的单位超过限额买卖炸药、发射药、黑火药 10000 克以上或者烟火药 30000 克以上、雷管 300 枚以上或者导火索、导爆索 300 米以上的；（8）多次非法制造、买卖、运输、邮寄、储存弹药、爆炸物的；（9）虽未达到上述最低数量标准，但具有造成严重后果等其他恶劣情节的。

★　**第一百二十六条**　**【违规制造、销售枪支罪】** 依法被指定、确定的枪支制造企业、销售企业，违反枪支管理规定，有下列行为之一的，对单位判处罚金，并对其直接负责的主管人员和其他直接责任人员，处五年以下有期徒刑；情节严重的，处五年以上十年以下有期徒刑；情节特别严重的，处十年以上有期徒刑或者无期徒刑：

（一）以非法销售为目的，超过限额或者不按照规定的品种制造、配售枪支的；

（二）以非法销售为目的，制造无号、重号、假号的枪支的；

（三）非法销售枪支或者在境内销售为出口制造的枪支的。

疑难注释

本罪主体是特殊主体，只能是单位，即必须是依法被指定、确定的枪支制造企业、销售企业才能构成本罪。如果个人或非指定的企业制造、销售枪支，构成《刑法》第125条规定的非法制造、买卖、储存枪支、弹药罪，不构成本罪。

★★ **第一百二十七条** 【盗窃、抢夺枪支、弹药、爆炸物、危险物质罪】盗窃、抢夺枪支、弹药、爆炸物的，或者盗窃、抢夺毒害性、放射性、传染病病原体等物质，危害公共安全的，处三年以上十年以下有期徒刑；情节严重的，处十年以上有期徒刑、无期徒刑或者死刑。

【抢劫枪支、弹药、爆炸物、危险物质罪】【盗窃、抢夺枪支、弹药、爆炸物、危险物质罪】抢劫枪支、弹药、爆炸物的，或者抢劫毒害性、放射性、传染病病原体等物质，危害公共安全的，或者盗窃、抢夺国家机关、军警人员、民兵的枪支、弹药、爆炸物的，处十年以上有期徒刑、无期徒刑或者死刑。

疑难注释

行为人主观目的是抢劫、盗窃、抢夺财物，客观上却抢劫、盗窃、抢夺了枪支、弹药、爆炸物、危险物质的，根据主客观相统一原则，以抢劫罪、盗窃罪或抢夺罪定罪处罚。

★★ **第一百二十八条** 【非法持有、私藏枪支、弹药罪】违反枪支管理规定，非法持有、私藏枪支、弹药的，处三年以下有期徒刑、拘役或者管制；情节严重的，处三年以上七年以下有期徒刑。

【非法出租、出借枪支罪】依法配备公务用枪的人员，非法出租、出借枪支的，依照前款的规定处罚。

【非法出租、出借枪支罪】依法配置枪支的人员，非法出租、出借枪支，造成严重后果的，依照第一款的规定处罚。

单位犯第二款、第三款罪的，对单位判处罚金，并对其直接负责的主管人员和其他直接责任人员，依照第一款的规定处罚。

疑难注释

　　1. 出租，是指在一段期限内有偿提供给他人使用。如果是永久性地有偿转让给他人，构成非法买卖枪支罪。

　　2. 出借，是指在一段期限内无偿提供给他人使用。

　　3. 依法配备公务用枪的人员，将公务用枪用作借债质押物，使枪支处于非法持枪人的控制、使用之下，严重危害公共安全的，以非法出借枪支罪论处；对接受者，构成犯罪的，以非法持有枪支罪论处。

★★ **第一百二十九条　【丢失枪支不报罪】** 依法配备公务用枪的人员，丢失枪支不及时报告，造成严重后果的，处三年以下有期徒刑或者拘役。

疑难注释

　　本罪在主观方面行为人是出于故意，即明知依法配备的公务用枪已经丢失而故意隐瞒不报。行为人对丢失枪支的行为一般是因为过失，如因未妥善保管而丢失枪支。但是，无论什么原因丢失枪支，行为人都有责任及时报告，行为人对不及时报告枪支已经丢失的行为则是故意的，并且大多表现为间接故意。

★ **第一百三十条　【非法携带枪支、弹药、管制刀具、危险物品危及公共安全罪】** 非法携带枪支、弹药、管制刀具或者爆炸性、易燃性、放射性、毒害性、腐蚀性物品，进入公共场所或者公共交通工具，危及公共安全，情节严重的，处三年以下有期徒刑、拘役或者管制。

疑难注释

本罪与危险物品肇事罪的界限。主要区别在于：（1）发生的地点不同。前罪发生在公共场所或者公共交通工具上，后罪发生在生产、储存、运输等多个环节上。（2）犯罪主体不同。前罪是一般主体，后罪只能是与生产、储存、运输、使用这些危险物品有关的人员，因而是特殊主体。（3）犯罪的主观方面不同。前者是故意犯罪，后者是过失犯罪。（4）前者是行为犯，即只需要实施了犯罪构成中所规定的行为，不必出现犯罪结果就可以构成本罪的既遂；后者是结果犯，即不仅要实施犯罪构成中所规定的行为，还要出现实际的危害结果，才能构成犯罪既遂。

★　**第一百三十一条**　【重大飞行事故罪】航空人员违反规章制度，致使发生重大飞行事故，造成严重后果的，处三年以下有期徒刑或者拘役；造成飞机坠毁或者人员死亡的，处三年以上七年以下有期徒刑。

疑难注释

区分罪与非罪的界限，要注意以下四点：一看行为人的行为是否违反规章制度。如果行为人的行为是照章行事的，不违反规章制度，即使发生重大事故，致人重伤、死亡或者使公私财产遭受重大损失，也不构成犯罪。二看是否造成了严重后果。行为人虽然违反了规章制度，但未造成严重后果的，不构成犯罪。三看违章行为与严重后果之间是否有因果关系。即使在行为人的违章行为之后，发生了重大事故，但不是行为人的违章行为引起的，二者之间没有因果关系，不构成犯罪。四看行为人主观上有无过失。本罪是过失犯罪，必须"致使发生重大飞行事故，造成严重后果"的，才构成犯罪，如果行为人主观上既无故意，又无过失，严重后果是由于不能预见或者不可抗拒的原因引起的，属于意外事件。

★　第一百三十二条　【铁路运营安全事故罪】铁路职工违反规章制度，致使发生铁路运营安全事故，造成严重后果的，处三年以下有期徒刑或者拘役；造成特别严重后果的，处三年以上七年以下有期徒刑。

疑难注释

　　本条所称"严重后果"，包括下列情形：（1）造成死亡1人以上，或者重伤3人以上的；（2）造成直接经济损失100万元以上的；（3）其他造成严重后果或者重大安全事故的情形。本条所称"特别严重后果"，包括下列情形：（1）造成死亡3人以上或者重伤10人以上，负事故主要责任的；（2）造成直接经济损失500万元以上，负事故主要责任的；（3）其他造成特别严重后果、情节特别恶劣或者后果特别严重的情形。

　　实施本条规定的犯罪行为，在安全事故发生后积极组织、参与事故抢救，或者积极配合调查、主动赔偿损失的，可以酌情从轻处罚。

★★★第一百三十三条　【交通肇事罪】违反交通运输管理法规，因而发生重大事故，致人重伤、死亡或者使公私财产遭受重大损失的，处三年以下有期徒刑或者拘役；交通运输肇事后逃逸或者有其他特别恶劣情节的，处三年以上七年以下有期徒刑；因逃逸致人死亡的，处七年以上有期徒刑。

疑难注释

1. 行为人在交通肇事后为逃避法律追究，将被害人带离事故现场后隐藏或者遗弃，致使被害人无法得到救助而死亡或者严重残疾的，以故意杀人罪或者故意伤害罪定罪处罚。

2. 交通肇事后，单位主管人员、机动车辆所有人、承包人或者乘车人指使肇事人逃逸，致使被害人因得不到救助而死亡的，以交通肇事罪的共犯论处。

3. 单位主管人员、机动车辆所有人或者机动车辆承包人指使、强令他人违章驾驶造成重大交通事故的，以交通肇事罪定罪处罚。

★　**第一百三十三条之一**　【**危险驾驶罪**】在道路上驾驶机动车，有下列情形之一的，处拘役，并处罚金：

（一）追逐竞驶，情节恶劣的；

（二）醉酒驾驶机动车的；

（三）从事校车业务或者旅客运输，严重超过额定乘员载客，或者严重超过规定时速行驶的；

（四）违反危险化学品安全管理规定运输危险化学品，危及公共安全的。

机动车所有人、管理人对前款第三项、第四项行为负有直接责任的，依照前款的规定处罚。

有前两款行为，同时构成其他犯罪的，依照处罚较重的规定定罪处罚。

疑难注释

1. 血液中酒精含量达到 80 毫克/100 毫升以上，属于醉酒驾驶机动车。

2. 醉酒驾驶机动车，以暴力、威胁方法阻碍公安机关依法检查，又构成妨害公务罪的，数罪并罚。

★ **第一百三十三条之二** 【妨害安全驾驶罪】对行驶中的公共交通工具的驾驶人员使用暴力或者抢控驾驶操纵装置，干扰公共交通工具正常行驶，危及公共安全的，处一年以下有期徒刑、拘役或者管制，并处或者单处罚金。

前款规定的驾驶人员在行驶的公共交通工具上擅离职守，与他人互殴或者殴打他人，危及公共安全的，依照前款的规定处罚。

有前两款行为，同时构成其他犯罪的，依照处罚较重的规定定罪处罚。

疑难注释

1. 对正在进行的妨害安全驾驶的违法犯罪行为，乘客等人员有权采取措施予以制止。制止行为造成违法犯罪行为人损害，符合法定条件的，应当认定为正当防卫。

2. 正在驾驶公共交通工具的驾驶人员遭到妨害安全驾驶行为侵害时，为避免公共交通工具倾覆或者人员伤亡等危害后果发生，采取紧急制动或者躲避措施，造成公共交通工具、交通设施损坏或者人身损害，符合法定条件的，应当认定为紧急避险。

3. 本罪是抽象危险犯。本罪可与以危险方法危害公共安全罪构成想象竞合犯，依照处罚较重的规定定罪处罚。

★★ **第一百三十四条** 【重大责任事故罪】在生产、作业中违反有关安全管理的规定，因而发生重大伤亡事故或者造成其他严重后果的，处三年以下有期徒刑或者拘役；情节特别恶劣的，处三年以上七年以下有期徒刑。

【强令、组织他人违章冒险作业罪】 强令他人违章冒险作业，或者明知存在重大事故隐患而不排除，仍冒险组织作业，因而发生重大伤亡事故或者造成其他严重后果的，处五年以下有期徒刑或者拘役；情节特别恶劣的，处五年以上有期徒刑。

疑难注释

对于重大责任事故罪，具有下列情形之一的，应当认定为"发生重大伤亡事故或者造成其他严重后果"：（1）造成死亡1人以上，或者重伤3人以上的；（2）造成直接经济损失100万元以上的；（3）其他造成严重后果或者重大安全事故的情形。"情节特别恶劣"，包括下列情形：（1）造成死亡3人以上或者重伤10人以上，负事故主要责任的；（2）造成直接经济损失500万元以上，负事故主要责任的；（3）其他造成特别严重后果、情节特别恶劣或者后果特别严重的情形。

★ **第一百三十四条之一** 【危险作业罪】 在生产、作业中违反有关安全管理的规定，有下列情形之一，具有发生重大伤亡事故或者其他严重后果的现实危险的，处一年以下有期徒刑、拘役或者管制：

（一）关闭、破坏直接关系生产安全的监控、报警、防护、救生设备、设施，或者篡改、隐瞒、销毁其相关数据、信息的；

（二）因存在重大事故隐患被依法责令停产停业、停止施工、停止使用有关设备、设施、场所或者立即采取排除危险的整改措施，而拒不执行的；

（三）涉及安全生产的事项未经依法批准或者许可，擅自从事矿山开采、金属冶炼、建筑施工，以及危险物品生产、经营、储存等高度危险的生产作业活动的。

疑难注释

本罪虽是故意犯，但属于抽象危险犯，所以处罚相对较轻。如果危险作业行为导致发生重大伤亡事故或其他严重后果，应以重大责任事故罪等犯罪论处。

本罪的犯罪主体，包括对生产、作业负有组织、指挥或者管理职责的负责人、管理人员、实际控制人、投资人等人员，以及直接从事生产、作业的人员。

★　**第一百三十五条**　【重大劳动安全事故罪】安全生产设施或者安全生产条件不符合国家规定，因而发生重大伤亡事故或者造成其他严重后果的，对直接负责的主管人员和其他直接责任人员，处三年以下有期徒刑或者拘役；情节特别恶劣的，处三年以上七年以下有期徒刑。

疑难注释

对单位犯罪采用单罚制（只处罚直接责任者）的几个罪名：重大劳动安全事故罪、工程重大安全事故罪、强迫劳动罪、雇用童工从事危重劳动罪、私分国有资产罪、私分罚没财物罪等。

★　**第一百三十五条之一**　【大型群众性活动重大安全事故罪】举办大型群众性活动违反安全管理规定，因而发生重大伤亡事故或者造成其他严重后果的，对直接负责的主管人员和其他直接责任人员，处三年以下有期徒刑或者拘役；情节特别恶劣的，处三年以上七年以下有期徒刑。

疑难注释

　　本罪的行为形式是不作为，即依照法律、法规、规章以及其他保障公共场所安全的惯例，行为人负有义务采取行动排除在公众活动场所发生的法益侵害或法益的侵害危险性，且有能力履行该义务，而拒不履行。作为义务主要体现在对大型群众性活动的安全保卫工作作出具体规定的各种规范性文件。如《消防法》第20条规定："举办大型群众性活动，承办人应当依法向公安机关申请安全许可，制定灭火和应急疏散预案并组织演练，明确消防安全责任分工，确定消防安全管理人员，保持消防设施和消防器材配置齐全、完好有效，保证疏散通道、安全出口、疏散指示标志、应急照明和消防车通道符合消防技术标准和管理规定。"

★　**第一百三十六条**　**【危险物品肇事罪】**违反爆炸性、易燃性、放射性、毒害性、腐蚀性物品的管理规定，在生产、储存、运输、使用中发生重大事故，造成严重后果的，处三年以下有期徒刑或者拘役；后果特别严重的，处三年以上七年以下有期徒刑。

疑难注释

　　本罪与失火罪、过失爆炸罪、过失投放危险物质罪的界限。这些罪都属于过失犯罪，都可能表现为引起了火灾、爆炸、中毒等严重后果。主要区别在于：（1）犯罪主体不同。前者的犯罪主体主要是从事生产、储存、运输和使用危险物品的职工；后者可以是任何达到刑事责任年龄、具有刑事责任能力的自然人。（2）犯罪的时间不同。前者只能发生在生产、储存、运输和使用上述危险物品的过程中；后者可能发生在日常生活的任何场合。

★ **第一百三十七条** 【工程重大安全事故罪】建设单位、设计单位、施工单位、工程监理单位违反国家规定，降低工程质量标准，造成重大安全事故的，对直接责任人员，处五年以下有期徒刑或者拘役，并处罚金；后果特别严重的，处五年以上十年以下有期徒刑，并处罚金。

疑难注释

　　本罪与重大责任事故罪的界限。二者都是过失犯罪。主要区别在于：（1）犯罪主体不同。前者的主体是建设单位、设计单位、施工单位、工程监理单位中对工程质量负责的直接责任人员；后者的主体是对生产、作业负有组织、指挥或者管理职责的负责人、管理人员、实际控制人、投资人等人员，以及直接从事生产、作业的人员。（2）客观方面表现不同。前者在客观方面表现为建设单位、设计单位、施工单位、工程监理单位违反国家规定，降低工程质量标准，造成重大安全事故；后者则表现为在生产、作业活动中违反有关安全管理的规章制度，从而导致重大伤亡事故。

★ **第一百三十八条** 【教育设施重大安全事故罪】明知校舍或者教育教学设施有危险，而不采取措施或者不及时报告，致使发生重大伤亡事故的，对直接责任人员，处三年以下有期徒刑或者拘役；后果特别严重的，处三年以上七年以下有期徒刑。

疑难注释

　　行为人明知校舍或者教育教学设施有危险，而不采取措施或者不及时报告的不作为，必须与重大伤亡事故的危害结果有因果关系，即行为人不采取措施或者不及时报告的不作为是发生重大伤亡事故的原因。否则，不应追究行为人的刑事责任。

★ **第一百三十九条** 【消防责任事故罪】违反消防管理法规，经消防监督机构通知采取改正措施而拒绝执行，造成严重后果的，对直接责任人员，处三年以下有期徒刑或者拘役；后果特别严重的，处三年以上七年以下有期徒刑。

疑难注释

区分罪与非罪的界限，关键是看造成后果的严重程度。构成消防责任事故罪，必须造成严重后果。一般消防事故，虽然发生了事故，造成了一定危害后果，但未达到严重程度，则不构成犯罪。同时，如果在消防监督机构执行消防监督职责前发生火灾事故的，不能以本罪论处。

★ **第一百三十九条之一** 【不报、谎报安全事故罪】在安全事故发生后，负有报告职责的人员不报或者谎报事故情况，贻误事故抢救，情节严重的，处三年以下有期徒刑或者拘役；情节特别严重的，处三年以上七年以下有期徒刑。

第三章　破坏社会主义市场经济秩序罪

第一节　生产、销售伪劣商品罪

★★ **第一百四十条**　【生产、销售伪劣产品罪】生产者、销售者在产品中掺杂、掺假，以假充真，以次充好或者以不合格产品冒充合格产品，销售金额五万元以上不满二十万元的，处二年以下有期徒刑或者拘役，并处或者单处销售金额百分之五十以上二倍以下罚金；销售金额二十万元以上不满五十万元的，处二年以上七年以下有期徒刑，并处销售金额百分之五十以上二倍以下罚金；销售金额五十万元以上不满二百万元的，处七年以上有期徒刑，并处销售金额百分之五十以上二倍以下罚金；销售金额二百万元以上的，处十五年有期徒刑或者无期徒刑，并处销售金额百分之五十以上二倍以下罚金或者没收财产。

> **疑难注释**
>
> 1. 本罪主体包括自然人和单位。
>
> 2. 销售金额5万元以上，构成本罪既遂；尚未销售，但货值金额达到15万元的，构成本罪未遂。
>
> 3. 销售伪劣产品，同时触犯诈骗罪、非法经营罪、侵犯知识产权等犯罪的，构成想象竞合，从一重罪论处。

★★ **第一百四十一条**　【生产、销售、提供假药罪】生产、销售假药的，处三年以下有期徒刑或者拘役，并处罚金；对人体健康造成严重危害或者有其他严重情节的，处三年以上十年以下有期徒刑，并处罚金；致人死亡或者有其他特别严重情节的，处十年以上有期徒刑、无期徒刑或者死刑，并处罚金或者没收财产。

药品使用单位的人员明知是假药而提供给他人使用的，依照前款的规定处罚。

疑难注释

1. 根据民间传统配方私自加工药品或者销售上述药品，数量不大，且未造成他人伤害后果或者延误诊治的，或者不以营利为目的实施带有自救、互助性质的生产、进口、销售药品的行为，不应当认定为犯罪。

2. 有下列情形之一的，为假药：（1）药品所含成分与国家药品标准规定的成分不符；（2）以非药品冒充药品或者以他种药品冒充此种药品；（3）变质的药品；（4）药品所标明的适应症或者功能主治超出规定范围。

★　**第一百四十二条**　【生产、销售、提供劣药罪】生产、销售劣药，对人体健康造成严重危害的，处三年以上十年以下有期徒刑，并处罚金；后果特别严重的，处十年以上有期徒刑或者无期徒刑，并处罚金或者没收财产。

药品使用单位的人员明知是劣药而提供给他人使用的，依照前款的规定处罚。

疑难注释

有下列情形之一的，为劣药：（1）药品成分的含量不符合国家药品标准；（2）被污染的药品；（3）未标明或者更改有效期的药品；（4）未注明或者更改产品批号的药品；（5）超过有效期的药品；（6）擅自添加防腐剂、辅料的药品；（7）其他不符合药品标准的药品。

第一百四十二条之一　【妨害药品管理罪】违反药品管理法规，有下列情形之一，足以严重危害人体健康的，处三年以下有期徒刑或者拘役，并处或者单处罚金；对人体健康造成严重危害或者有其他严重情节的，处三年以上七年以下有期徒刑，并处罚金：

（一）生产、销售国务院药品监督管理部门禁止使用的药品的；

（二）未取得药品相关批准证明文件生产、进口药品或者明知是上述药品而销售的；

（三）药品申请注册中提供虚假的证明、数据、资料、样品或者采取其他欺骗手段的；

（四）编造生产、检验记录的。

有前款行为，同时又构成本法第一百四十一条、第一百四十二条规定之罪或者其他犯罪的，依照处罚较重的规定定罪处罚。

★　**第一百四十三条　【生产、销售不符合安全标准的食品罪】** 生产、销售不符合食品安全标准的食品，足以造成严重食物中毒事故或者其他严重食源性疾病的，处三年以下有期徒刑或者拘役，并处罚金；对人体健康造成严重危害或者有其他严重情节的，处三年以上七年以下有期徒刑，并处罚金；后果特别严重的，处七年以上有期徒刑或者无期徒刑，并处罚金或者没收财产。

疑难注释

　　"足以造成严重食物中毒事故或者其他严重食源性疾病"包括：（1）含有严重超出标准限量的致病性微生物、农药残留、兽药残留、生物毒素、重金属等污染物质以及其他严重危害人体健康的物质的；（2）属于病死、死因不明或者检验检疫不合格的畜、禽、兽、水产动物肉类及其制品的；（3）属于国家为防控疾病等特殊需要明令禁止生产、销售的；（4）特殊医学用途配方食品、专供婴幼儿的主辅食品营养成分严重不符合食品安全标准的；（5）其他足以造成严重食物中毒事故或者严重食源性疾病的情形。

★★　**第一百四十四条　【生产、销售有毒、有害食品罪】** 在生产、销售的食品中掺入有毒、有害的非食品原料的，或者销售明知掺有有毒、有害的非食品原料的食品的，处五年以下有期徒刑，并处罚金；对人体健康造成严重危害或者有其他严重情节的，处五年以上十年以下有期徒刑，并处罚金；致人死亡或者有其他特别严重情节的，依照本法第一百四十一条的规定处罚。

疑难注释

1. 有毒、有害食品包括：（1）在食用农产品种植、养殖、销售、运输、贮存等过程中，使用禁用农药、兽药等禁用物质，如使用"瘦肉精"养猪用于出售；（2）在保健食品中非法添加国家禁用药物等有毒、有害物质；（3）将工业酒精勾兑成散装白酒出售；（4）将工业用猪油冒充食用油出售；（5）用"地沟油"生产食用油。

2. 为了杀害特定人而向其出售有毒、有害食品的，定故意杀人罪。

★ **第一百四十五条** 【生产、销售不符合标准的医用器材罪】生产不符合保障人体健康的国家标准、行业标准的医疗器械、医用卫生材料，或者销售明知是不符合保障人体健康的国家标准、行业标准的医疗器械、医用卫生材料，足以严重危害人体健康的，处三年以下有期徒刑或者拘役，并处销售金额百分之五十以上二倍以下罚金；对人体健康造成严重危害的，处三年以上十年以下有期徒刑，并处销售金额百分之五十以上二倍以下罚金；后果特别严重的，处十年以上有期徒刑或者无期徒刑，并处销售金额百分之五十以上二倍以下罚金或者没收财产。

★ **第一百四十六条** 【生产、销售不符合安全标准的产品罪】生产不符合保障人身、财产安全的国家标准、行业标准的电器、压力容器、易燃易爆产品或者其他不符合保障人身、财产安全的国家标准、行业标准的产品，或者销售明知是以上不符合保障人身、财产安全的国家标准、行业标准的产品，造成严重后果的，处五年以下有期徒刑，并处销售金额百分之五十以上二倍以下罚金；后果特别严重的，处五年以上有期徒刑，并处销售金额百分之五十以上二倍以下罚金。

疑难注释

区分罪与非罪的标准主要是看生产、销售不符合保障人身、财产安全的国家标准、行业标准的电器、压力容器、易燃易爆产品或者其他产品的行为是否造成致人死亡、财产重大损失等严重后果。有严重后果，构成本罪；没有严重后果，销售金额又不到5万元的，可视为一般违法行为。

本罪与生产、销售伪劣产品罪的界限：作为本罪的犯罪对象，不符合安全标准的电器、压力容器、易燃易爆产品也属于伪劣产品。但由于这些产品有着特殊的危险性，需要对它们的安全性能加以特别的监督管理，所以法律将对这些产品的安全监督管理制度从对一般伪劣产品的监督管理制度中独立出来，加以特殊的保护，从而形成了本罪的客体，于是也就使本罪独立于生产、销售伪劣产品罪。

第一百四十七条 【生产、销售伪劣农药、兽药、化肥、种子罪】生产假农药、假兽药、假化肥，销售明知是假的或者失去使用效能的农药、兽药、化肥、种子，或者生产者、销售者以不合格的农药、兽药、化肥、种子冒充合格的农药、兽药、化肥、种子，使生产遭受较大损失的，处三年以下有期徒刑或者拘役，并处或者单处销售金额百分之五十以上二倍以下罚金；使生产遭受重大损失的，处三年以上七年以下有期徒刑，并处销售金额百分之五十以上二倍以下罚金；使生产遭受特别重大损失的，处七年以上有期徒刑或者无期徒刑，并处销售金额百分之五十以上二倍以下罚金或者没收财产。

第一百四十八条 　【生产、销售不符合卫生标准的化妆品罪】生产不符合卫生标准的化妆品，或者销售明知是不符合卫生标准的化妆品，造成严重后果的，处三年以下有期徒刑或者拘役，并处或者单处销售金额百分之五十以上二倍以下罚金。

★★ **第一百四十九条** 　【对生产、销售伪劣商品行为的法条适用】生产、销售本节第一百四十一条至第一百四十八条所列产品，不构成各该条规定的犯罪，但是销售金额在五万元以上的，依照本节第一百四十条的规定定罪处罚。

生产、销售本节第一百四十一条至第一百四十八条所列产品，构成各该条规定的犯罪，同时又构成本节第一百四十条规定之罪的，依照处罚较重的规定定罪处罚。

第一百五十条 　【单位犯本节规定之罪的处理】单位犯本节第一百四十条至第一百四十八条规定之罪的，对单位判处罚金，并对其直接负责的主管人员和其他直接责任人员，依照各该条的规定处罚。

第二节　走　私　罪

★★ **第一百五十一条** 　【走私武器、弹药罪】【走私核材料罪】【走私假币罪】走私武器、弹药、核材料或者伪造的货币的，处七年以上有期徒刑，并处罚金或者没收财产；情节特别严重的，处无期徒刑，并处没收财产；情节较轻的，处三年以上七年以下有期徒刑，并处罚金。

【走私文物罪】【走私贵重金属罪】【走私珍贵动物、珍贵动物制品罪】走私国家禁止出口的文物、黄金、白银和其他贵重金属或者国家禁止进出口的珍贵动物及其制品的，处五年以上十年以下有期徒刑，并处罚金；情节特别严重的，处十年以上有期徒刑或者无期徒刑，并处没收财产；情节较轻的，处五年以下有期徒刑，并处罚金。

【**走私国家禁止进出口的货物、物品罪**】走私珍稀植物及其制品等国家禁止进出口的其他货物、物品的，处五年以下有期徒刑或者拘役，并处或者单处罚金；情节严重的，处五年以上有期徒刑，并处罚金。

单位犯本条规定之罪的，对单位判处罚金，并对其直接负责的主管人员和其他直接责任人员，依照本条各款的规定处罚。

> **疑难注释**
>
> 1. 关于弹头、弹壳：（1）走私能够使用的弹头、弹壳，定走私弹药罪；（2）走私报废或者无法组装使用，又不属于废物的弹头、弹壳，定走私普通货物、物品罪；（3）走私被鉴定为废物的弹头、弹壳，定走私废物罪。
>
> 2. 关于仿真枪、管制刀具：（1）仿真枪经鉴定为武器的，定走私武器罪；（2）仿真枪经鉴定不是武器的，定走私国家禁止进出口的货物、物品罪；（3）走私管制刀具的，定走私国家禁止进出口的货物、物品罪。
>
> 3. 走私文物罪和走私贵重金属罪的犯罪对象是国家禁止出口的文物、黄金、白银和其他贵重金属。

第一百五十二条 【**走私淫秽物品罪**】以牟利或者传播为目的，走私淫秽的影片、录像带、录音带、图片、书刊或者其他淫秽物品的，处三年以上十年以下有期徒刑，并处罚金；情节严重的，处十年以上有期徒刑或者无期徒刑，并处罚金或者没收财产；情节较轻的，处三年以下有期徒刑、拘役或者管制，并处罚金。

【**走私废物罪**】逃避海关监管将境外固体废物、液态废物和气态废物运输进境，情节严重的，处五年以下有期徒刑，并处或者单处罚金；情节特别严重的，处五年以上有期徒刑，并处罚金。

单位犯前两款罪的，对单位判处罚金，并对其直接负责的主管人员和其他直接责任人员，依照前两款的规定处罚。

疑难注释

涉嫌走私淫秽物品达到下列数量之一的，应予立案追诉：（1）走私淫秽录像带、影碟50盘（张）以上不满100盘（张）的；（2）走私淫秽录音带、音碟100盘（张）以上不满200盘（张）的；（3）走私淫秽扑克、书刊、画册100副（册）以上不满200副（册）的；（4）走私淫秽照片、画片500张以上不满1000张的；（5）走私其他淫秽物品相当于上述数量的。

涉嫌走私废物达到下列情形之一的，应予立案追诉：（1）走私国家禁止进口的危险性固体废物、液态废物分别或者合计达到1吨以上不满5吨的；（2）走私国家禁止进口的非危险性固体废物、液态废物分别或者合计达到5吨以上不满25吨的；（3）走私国家限制进口的可用作原料的固体废物、液态废物分别或者合计达到20吨以上不满100吨的；（4）未达到上述数量标准，但属于犯罪集团的首要分子，使用特种车辆从事走私活动，或者造成环境严重污染等情形的。

★★ **第一百五十三条**　【走私普通货物、物品罪】走私本法第一百五十一条、第一百五十二条、第三百四十七条规定以外的货物、物品的，根据情节轻重，分别依照下列规定处罚：

（一）走私货物、物品偷逃应缴税额较大或者一年内曾因走私被给予二次行政处罚后又走私的，处三年以下有期徒刑或者拘役，并处偷逃应缴税额一倍以上五倍以下罚金。

（二）走私货物、物品偷逃应缴税额巨大或者有其他严重情节的，处三年以上十年以下有期徒刑，并处偷逃应缴税额一倍以上五倍以下罚金。

（三）走私货物、物品偷逃应缴税额特别巨大或者有其他特别严重情节的，处十年以上有期徒刑或者无期徒刑，并处偷逃应缴税额一倍以上五倍以下罚金或者没收财产。

单位犯前款罪的，对单位判处罚金，并对其直接负责的主管人员和其他直接责任人员，处三年以下有期徒刑或者拘役；情节严重的，处三年以上十年以下有期徒刑；情节特别严重的，处十年以上有期徒刑。

对多次走私未经处理的，按照累计走私货物、物品的偷逃应缴税额处罚。

疑难注释

本罪属结果犯。只有同时符合下列四个条件的才可能认定为构成其罪：（1）由于牟利在境内销售了特定减税、免税的进口货物、物品；（2）销售行为未经海关批准；（3）未补缴应缴税额；（4）达到了情节严重的程度，应当补缴的税额达到 10 万元以上不满 50 万元。上述四个条件如有一个或多个不能成立，就不能认定为犯罪。例如，虽然未经海关批准擅自在境内销售了特定减税、免税货物，但补缴了关税的；虽然未补缴关税但是在海关批准下才在境内销售特定减税、免税货物的；或者既未经过海关批准又未补交关税，且在境内销售了特定减税、免税货物但不是出于牟利的，就都不能认定为构成本罪。

★★　**第一百五十四条**　【走私货物、物品罪的特殊形式】下列走私行为，根据本节规定构成犯罪的，依照本法第一百五十三条的规定定罪处罚：

（一）未经海关许可并且未补缴应缴税额，擅自将批准进口的来料加工、来件装配、补偿贸易的原材料、零件、制成品、设备等保税货物，在境内销售牟利的；

（二）未经海关许可并且未补缴应缴税额，擅自将特定减税、免税进口的货物、物品，在境内销售牟利的。

★★ **第一百五十五条** 【以走私罪论处的间接走私行为】下列行为，以走私罪论处，依照本节的有关规定处罚：

（一）直接向走私人非法收购国家禁止进口物品的，或者直接向走私人非法收购走私进口的其他货物、物品，数额较大的；

（二）在内海、领海、界河、界湖运输、收购、贩卖国家禁止进出口物品的，或者运输、收购、贩卖国家限制进出口货物、物品，数额较大，没有合法证明的。

★★ **第一百五十六条** 【走私共犯】与走私罪犯通谋，为其提供贷款、资金、帐号、发票、证明，或者为其提供运输、保管、邮寄或者其他方便的，以走私罪的共犯论处。

★★ **第一百五十七条** 【武装掩护走私、抗拒缉私的规定】武装掩护走私的，依照本法第一百五十一条第一款的规定从重处罚。

以暴力、威胁方法抗拒缉私的，以走私罪和本法第二百七十七条规定的阻碍国家机关工作人员依法执行职务罪，依照数罪并罚的规定处罚。

第三节 妨害对公司、企业的管理秩序罪

★ **第一百五十八条** 【虚报注册资本罪】申请公司登记使用虚假证明文件或者采取其他欺诈手段虚报注册资本，欺骗公司登记主管部门，取得公司登记，虚报注册资本数额巨大、后果严重或者有其他严重情节的，处三年以下有期徒刑或者拘役，并处或者单处虚报注册资本金额百分之一以上百分之五以下罚金。

单位犯前款罪的，对单位判处罚金，并对其直接负责的主管人员和其他直接责任人员，处三年以下有期徒刑或者拘役。

疑难注释

申请公司登记使用虚假证明文件或者采取其他欺诈手段虚报注册资本，欺骗公司登记主管部门，取得公司登记，涉嫌下列情形之一的，应予立案追诉：（1）法定注册资本最低限额在600万元以下，虚报数额占其应缴出资数额60%以上的。（2）法定注册资本最低限额超过600万元，虚报数额占其应缴出资数额30%以上的。（3）造成投资者或者其他债权人直接经济损失累计数额在50万元以上的。（4）虽未达到上述数额标准，但具有下列情形之一的：①2年内因虚报注册资本受过2次以上行政处罚，又虚报注册资本的；②向公司登记主管人员行贿的；③为进行违法活动而注册的。（5）其他后果严重或者有其他严重情节的情形。

上述立案标准只适用于依法实行注册资本实缴登记制的公司。

★　**第一百五十九条　【虚假出资、抽逃出资罪】**公司发起人、股东违反公司法的规定未交付货币、实物或者未转移财产权，虚假出资，或者在公司成立后又抽逃其出资，数额巨大、后果严重或者有其他严重情节的，处五年以下有期徒刑或者拘役，并处或者单处虚假出资金额或者抽逃出资金额百分之二以上百分之十以下罚金。

单位犯前款罪的，对单位判处罚金，并对其直接负责的主管人员和其他直接责任人员，处五年以下有期徒刑或者拘役。

疑难注释

本罪与虚报注册资本罪的界限。二者都是违反《公司法》的行为，并且都有虚假出资的欺诈行为，二者的区别主要在于：（1）犯罪主体不同。本罪的犯罪主体是公司的发起人、股东；而虚报注册资本罪的犯罪主体是申请公司登记的人。（2）诈欺的对象不同。本罪诈欺的对象主要是本公司的其他股东或发起人、认股人；而虚报注册资本罪诈欺的对象主要是公司登记主管部门。（3）行为方式不尽相同。本罪的行为方式除有虚假出资外，还包括抽逃出资行为；而虚报注册资本罪者，没有抽逃出资行为。（4）行为发生的时间不同。本罪行为既可能发生在公司成立之前、也可能发生于成立之后；而虚报注册资本罪的行为只能发生在公司登记过程之中、成立之前。

第一百六十条　【欺诈发行证券罪】在招股说明书、认股书、公司、企业债券募集办法等发行文件中隐瞒重要事实或者编造重大虚假内容，发行股票或者公司、企业债券、存托凭证或者国务院依法认定的其他证券，数额巨大、后果严重或者有其他严重情节的，处五年以下有期徒刑或者拘役，并处或者单处罚金；数额特别巨大、后果特别严重或者有其他特别严重情节的，处五年以上有期徒刑，并处罚金。

控股股东、实际控制人组织、指使实施前款行为的，处五年以下有期徒刑或者拘役，并处或者单处非法募集资金金额百分之二十以上一倍以下罚金；数额特别巨大、后果特别严重或者有其他特别严重情节的，处五年以上有期徒刑，并处非法募集资金金额百分之二十以上一倍以下罚金。

单位犯前两款罪的，对单位判处非法募集资金金额百分之二十以上一倍以下罚金，并对其直接负责的主管人员和其他直接责任人员，依照第一款的规定处罚。

★   **第一百六十一条   【违规披露、不披露重要信息罪】**依法负有信息披露义务的公司、企业向股东和社会公众提供虚假的或者隐瞒重要事实的财务会计报告，或者对依法应当披露的其他重要信息不按照规定披露，严重损害股东或者其他人利益，或者有其他严重情节的，对其直接负责的主管人员和其他直接责任人员，处五年以下有期徒刑或者拘役，并处或者单处罚金；情节特别严重的，处五年以上十年以下有期徒刑，并处罚金。

前款规定的公司、企业的控股股东、实际控制人实施或者组织、指使实施前款行为的，或者隐瞒相关事项导致前款规定的情形发生的，依照前款的规定处罚。

犯前款罪的控股股东、实际控制人是单位的，对单位判处罚金，并对其直接负责的主管人员和其他直接责任人员，依照第一款的规定处罚。

★   **第一百六十二条   【妨害清算罪】**公司、企业进行清算时，隐匿财产，对资产负债表或者财产清单作虚伪记载或者在未清偿债务前分配公司、企业财产，严重损害债权人或者其他人利益的，对其直接负责的主管人员和其他直接责任人员，处五年以下有期徒刑或者拘役，并处或者单处二万元以上二十万元以下罚金。

疑难注释

公司、企业进行清算时，隐匿财产，对资产负债表或者财产清单作虚伪记载或者在未清偿债务前分配公司、企业财产，涉嫌下列情形之一的，应予立案追诉：(1)隐匿财产价值在50万元以上的；(2)对资产负债表或者财产清单作虚伪记载涉及金额在50万元以上的；(3)在未清偿债务前分配公司、企业财产价值在50万元以上的；(4)造成债权人或者其他人直接经济损失数额累计在 10 万元以上的；（5）虽未达到上述数额标准，但应清偿的职工的工资、社会保险费用和法定补偿金得不到及时清偿，造成恶劣社会影响的；（6）其他严重损害债权人或者其他人利益的情形。

第一百六十二条之一 【隐匿、故意销毁会计凭证、会计账簿、财务会计报告罪】隐匿或者故意销毁依法应当保存的会计凭证、会计帐簿、财务会计报告，情节严重的，处五年以下有期徒刑或者拘役，并处或者单处二万元以上二十万元以下罚金。

单位犯前款罪的，对单位判处罚金，并对其直接负责的主管人员和其他直接责任人员，依照前款的规定处罚。

疑难注释

隐匿、故意销毁会计凭证、会计账簿、财务会计报告的行为，只有达到情节严重时才构成犯罪。尚不构成犯罪的，由县级以上人民政府财政部门责令限期改正，给予警告、通报批评，没收违法所得，违法所得 20 万元以上的，对单位可以并处违法所得 1 倍以上 10 倍以下的罚款，没有违法所得或者违法所得不足 20 万元的，可以并处 20 万元以上 200 万元以下的罚款；对其直接负责的主管人员和其他直接责任人员可以处 10 万元以上 50 万元以下的罚款，情节严重的，可以处 50 万元以上 200 万元以下的罚款；属于公职人员的，还应当依法给予处分；其中的会计人员，5 年内不得从事会计工作。

★ **第一百六十二条之二** 【虚假破产罪】公司、企业通过隐匿财产、承担虚构的债务或者以其他方法转移、处分财产，实施虚假破产，严重损害债权人或者其他人利益的，对其直接负责的主管人员和其他直接责任人员，处五年以下有期徒刑或者拘役，并处或者单处二万元以上二十万元以下罚金。

疑难注释

本罪与一般违法转移、处分公司、企业财产的界限。公司、企业在经营管理的过程中，可能会发生一些违法、违规转移、处分公司、企业财产的行为，如违反法定程序为他人提供担保等。两者的界限主要可以从三个方面来考察：首先，本罪在主观上具有恶意破产的故意，并且一般具有逃避债务的非法目的；而后者在主观上没有实施虚假破产来逃避债务的内容，一般是出于非法侵占公司、企业财产或者其他的目的。其次，本罪在客观上表现为实施虚假破产的行为，行为人向有关部门申请破产，破产程序可能已经开始或者完成；后者则与破产程序无关。最后，两者的后果不同。本罪必须造成严重损害债权人或其他人利益的后果；而后者造成的危害后果可能较轻。

★★ **第一百六十三条** 【非国家工作人员受贿罪】公司、企业或者其他单位的工作人员，利用职务上的便利，索取他人财物或者非法收受他人财物，为他人谋取利益，数额较大的，处三年以下有期徒刑或者拘役，并处罚金；数额巨大或者有其他严重情节的，处三年以上十年以下有期徒刑，并处罚金；数额特别巨大或者有其他特别严重情节的，处十年以上有期徒刑或者无期徒刑，并处罚金。

公司、企业或者其他单位的工作人员在经济往来中，利用职务上的便利，违反国家规定，收受各种名义的回扣、手续费，归个人所有的，依照前款的规定处罚。

国有公司、企业或者其他国有单位中从事公务的人员和国有公司、企业或者其他国有单位委派到非国有公司、企业以及其他单位从事公务的人员有前两款行为的，依照本法第三百八十五条、第三百八十六条的规定定罪处罚。

疑难注释

1. 利用职务上的便利，是指利用自己管理公司、企业的便利。

2. 为他人谋取利益：(1) 既包括正当利益，也包括不正当利益；(2) 只要求承诺为他人谋取利益，不要求实际为他人谋取到利益。

3. 财物不仅包括金钱和实物，还包括财产性利益，如提供房屋装修、含有金额的会员卡、代币卡（券）、旅游费用等。

4. 数额较大是指 6 万元以上。

5. 下列行为构成非国家工作人员受贿罪：

(1) 医疗机构中的医务人员，利用开处方的职务便利，以各种名义非法收受药品等医药产品销售方财物，为销售方谋取利益，数额较大的。

(2) 学校及其他教育机构中的非国家工作人员，在教材或者其他物品的采购活动中，利用职务上的便利，索取销售方财物，或者非法收受销售方财物，为销售方谋取利益，数额较大的。

(3) 依法组建的评标委员会、竞争性谈判采购中谈判小组、询价采购中询价小组的组成人员，在招标、政府采购等事项的评标或者采购活动中，索取他人财物或者非法收受他人财物，为他人谋取利益，数额较大的。

⭐⭐ **第一百六十四条** 【对非国家工作人员行贿罪】为谋取不正当利益，给予公司、企业或者其他单位的工作人员以财物，数额较大的，处三年以下有期徒刑或者拘役，并处罚金；数额巨大的，处三年以上十年以下有期徒刑，并处罚金。

【对外国公职人员、国际公共组织官员行贿罪】为谋取不正当商业利益，给予外国公职人员或者国际公共组织官员以财物的，依照前款的规定处罚。

单位犯前两款罪的，对单位判处罚金，并对其直接负责的主管人员和其他直接责任人员，依照第一款的规定处罚。

行贿人在被追诉前主动交待行贿行为的，可以减轻处罚或者免除处罚。

疑难注释

1. 本罪与请客送礼的界限。在现实生活中，礼尚往来的请客送礼一般都以公开的方式进行，且礼品的价值一般较小，行为人没有明显的、直接的谋取不正当利益的动机和目的，这与本罪的行贿行为有本质区别。

2. 本罪与向公司、企业或其他单位工作人员一般行贿行为的界限。根据《刑法》第164条的规定，向公司、企业或其他单位工作人员行贿，数额较大的，才构成本罪，因此，如果向公司、企业或其他单位的工作人员行贿，数额未达到较大的，不能以本罪论处。

3. 行为人的犯罪目的必须是谋取不正当利益。如行为人出于谋取正当利益或出于亲属、朋友间的单方面赠与目的，则不构成本罪。

⭐⭐ **第一百六十五条** 【非法经营同类营业罪】国有公司、企业的董事、监事、高级管理人员，利用职务便利，自己经营或者为他人经营与其所任职公司、企业同类的营业，获取非法利益，数额巨大的，处三年以下有期徒刑或者拘役，并处或者单处罚金；数额特别巨大的，处三年以上七年以下有期徒刑，并处罚金。

其他公司、企业的董事、监事、高级管理人员违反法律、行政法规规定，实施前款行为，致使公司、企业利益遭受重大损失的，依照前款的规定处罚。

疑难注释

区分罪与非罪，要注意以下三点：（1）行为人是否利用了职务便利。如果行为人并未利用职务之便而经营同类营业的，就不能以本罪论处，如行为人虽然经营了与其所任职公司、企业同类的营业，并获利巨大，但这一行为与其所任职的职务无关，也不构成本罪。（2）行为人经营的是否为同类营业。构成本罪必须是经营与其所任职公司、企业同类的营业，如果行为人经营的不是同类营业，不构成本罪。（3）行为人获取的非法利益是否达到数额巨大或是否致使公司、企业遭受重大损失。否则，不能以本罪论处。

★ **第一百六十六条** **【为亲友非法牟利罪】** 国有公司、企业、事业单位的工作人员，利用职务便利，有下列情形之一，致使国家利益遭受重大损失的，处三年以下有期徒刑或者拘役，并处或者单处罚金；致使国家利益遭受特别重大损失的，处三年以上七年以下有期徒刑，并处罚金：

（一）将本单位的盈利业务交由自己的亲友进行经营的；

（二）以明显高于市场的价格从自己的亲友经营管理的单位采购商品、接受服务或者以明显低于市场的价格向自己的亲友经营管理的单位销售商品、提供服务的；

（三）从自己的亲友经营管理的单位采购、接受不合格商品、服务的。

其他公司、企业的工作人员违反法律、行政法规规定，实施前款行为，致使公司、企业利益遭受重大损失的，依照前款的规定处罚。

疑难注释

区分本罪与一般背信经营行为的界限，要注意以下三点：（1）看行为人是否利用了职务便利或违反法律、行政法规规定。否则，即使为其亲友所进行的经营活动提供了帮助，也不能以本罪论处。（2）看行为人通过实施背信经营行为而使国家利益或其他公司、企业利益遭受的损失是否达到重大。（3）看犯罪主体是否为国有公司、企业、事业单位或者其他公司、企业的工作人员。

★★ **第一百六十七条**　【签订、履行合同失职被骗罪】国有公司、企业、事业单位直接负责的主管人员，在签订、履行合同过程中，因严重不负责任被诈骗，致使国家利益遭受重大损失的，处三年以下有期徒刑或者拘役；致使国家利益遭受特别重大损失的，处三年以上七年以下有期徒刑。

疑难注释

本罪的主观方面只能由过失构成。行为人对签订、履行合同过程中被诈骗，并造成"重大损失"的危害后果，不是抱希望或放任其发生的心理态度，而是由于其过失造成的，故意不构成本罪。

★★ **第一百六十八条**　【国有公司、企业、事业单位人员失职罪】【国有公司、企业、事业单位人员滥用职权罪】国有公司、企业的工作人员，由于严重不负责任或者滥用职权，造成国有公司、企业破产或者严重损失，致使国家利益遭受重大损失的，处三年以下有期徒刑或者拘役；致使国家利益遭受特别重大损失的，处三年以上七年以下有期徒刑。

国有事业单位的工作人员有前款行为，致使国家利益遭受重大损失的，依照前款的规定处罚。

国有公司、企业、事业单位的工作人员，徇私舞弊，犯前两款罪的，依照第一款的规定从重处罚。

★　**第一百六十九条**　【徇私舞弊低价折股、出售公司、企业资产罪】国有公司、企业或者其上级主管部门直接负责的主管人员，徇私舞弊，将国有资产低价折股或者低价出售，致使国家利益遭受重大损失的，处三年以下有期徒刑或者拘役；致使国家利益遭受特别重大损失的，处三年以上七年以下有期徒刑。

其他公司、企业直接负责的主管人员，徇私舞弊，将公司、企业资产低价折股或者低价出售，致使公司、企业利益遭受重大损失的，依照前款的规定处罚。

★　**第一百六十九条之一**　【背信损害上市公司利益罪】上市公司的董事、监事、高级管理人员违背对公司的忠实义务，利用职务便利，操纵上市公司从事下列行为之一，致使上市公司利益遭受重大损失的，处三年以下有期徒刑或者拘役，并处或者单处罚金；致使上市公司利益遭受特别重大损失的，处三年以上七年以下有期徒刑，并处罚金：

（一）无偿向其他单位或者个人提供资金、商品、服务或者其他资产的；

（二）以明显不公平的条件，提供或者接受资金、商品、服务或者其他资产的；

（三）向明显不具有清偿能力的单位或者个人提供资金、商品、服务或者其他资产的；

（四）为明显不具有清偿能力的单位或者个人提供担保，或者无正当理由为其他单位或者个人提供担保的；

（五）无正当理由放弃债权、承担债务的；

（六）采用其他方式损害上市公司利益的。

上市公司的控股股东或者实际控制人，指使上市公司董事、监事、高级管理人员实施前款行为的，依照前款的规定处罚。

犯前款罪的上市公司的控股股东或者实际控制人是单位的，对单位判处罚金，并对其直接负责的主管人员和其他直接责任人员，依照第一款的规定处罚。

疑难注释

上市公司的董事、监事、高级管理人员违背对公司的忠实义务，利用职务便利，操纵上市公司从事损害上市公司利益的行为，以及上市公司的控股股东或者实际控制人，指使上市公司董事、监事、高级管理人员实施损害上市公司利益的行为，涉嫌下列情形之一的，应予立案追诉：（1）无偿向其他单位或者个人提供资金、商品、服务或者其他资产，致使上市公司直接经济损失数额在150万元以上的；（2）以明显不公平的条件，提供或者接受资金、商品、服务或者其他资产，致使上市公司直接经济损失数额在150万元以上的；（3）向明显不具有清偿能力的单位或者个人提供资金、商品、服务或者其他资产，致使上市公司直接经济损失数额在150万元以上的；（4）为明显不具有清偿能力的单位或者个人提供担保，或者无正当理由为其他单位或者个人提供担保，致使上市公司直接经济损失数额在150万元以上的；（5）无正当理由放弃债权、承担债务，致使上市公司直接经济损失数额在150万元以上的；（6）致使公司、企业发行的股票或者公司、企业债券、存托凭证或者国务院依法认定的其他证券被终止上市交易的；(7) 其他致使上市公司利益遭受重大损失的情形。

第四节 破坏金融管理秩序罪

★★ **第一百七十条** 【伪造货币罪】伪造货币的，处三年以上十年以下有期徒刑，并处罚金；有下列情形之一的，处十年以上有期徒刑或者无期徒刑，并处罚金或者没收财产：

（一）伪造货币集团的首要分子；

（二）伪造货币数额特别巨大的；

（三）有其他特别严重情节的。

疑难注释

伪造货币罪，是指没有货币制作、发行权的人，非法制造假币，侵害货币公共信用的行为。

1. 货币包括本国货币与外国货币、硬币与纸币、普通货币与纪念币。

2. 货币必须是正在流通中。伪造停止流通的货币并使用的，以诈骗罪论处。

3. 伪造货币的总面额在 2000 元以上或者数量在 200 张以上的，构成伪造货币罪。

4. 伪造货币后，持有、使用、出售、运输的，以伪造货币罪从重处罚。

★★ **第一百七十一条** 【出售、购买、运输假币罪】出售、购买伪造的货币或者明知是伪造的货币而运输，数额较大的，处三年以下有期徒刑或者拘役，并处二万元以上二十万元以下罚金；数额巨大的，处三年以上十年以下有期徒刑，并处五万元以上五十万元以下罚金；数额特别巨大的，处十年以上有期徒刑或者无期徒刑，并处五万元以上五十万元以下罚金或者没收财产。

【金融工作人员购买假币、以假币换取货币罪】 银行或者其他金融机构的工作人员购买伪造的货币或者利用职务上的便利，以伪造的货币换取货币的，处三年以上十年以下有期徒刑，并处二万元以上二十万元以下罚金；数额巨大或者有其他严重情节的，处十年以上有期徒刑或者无期徒刑，并处二万元以上二十万元以下罚金或者没收财产；情节较轻的，处三年以下有期徒刑或者拘役，并处或者单处一万元以上十万元以下罚金。

伪造货币并出售或者运输伪造的货币的，依照本法第一百七十条的规定定罪从重处罚。

疑难注释

1. 出售，是指有偿转让、有偿交付伪造的货币；购买，是指有偿取得假币；运输，是指转移假币的存在地点，仅限于国内运输。

2. 出售、购买、运输假币，总面额在 4000 元以上的，构成本罪。

3. 先伪造货币，又购买、运输他人假币，数罪并罚。

4. 直接向走私人收购假币，定走私假币罪。

★★ **第一百七十二条** **【持有、使用假币罪】** 明知是伪造的货币而持有、使用，数额较大的，处三年以下有期徒刑或者拘役，并处或者单处一万元以上十万元以下罚金；数额巨大的，处三年以上十年以下有期徒刑，并处二万元以上二十万元以下罚金；数额特别巨大的，处十年以上有期徒刑，并处五万元以上五十万元以下罚金或者没收财产。

疑难注释

1. 使用假币是指将假币当作真币投入流通领域，发挥货币的金融功能，如购买商品、存入银行、缴纳罚款等。

2. 使用假币罪与出售假币罪的区分：相对方如果知情，构成出售假币罪；如果不知情，构成使用假币罪。

3. 使用假币触犯诈骗罪的，构成想象竞合，从一重罪处罚。

★　**第一百七十三条　【变造货币罪】**变造货币，数额较大的，处三年以下有期徒刑或者拘役，并处或者单处一万元以上十万元以下罚金；数额巨大的，处三年以上十年以下有期徒刑，并处二万元以上二十万元以下罚金。

疑难注释

1. 同时采用伪造和变造手段，制造真伪拼凑的货币，定伪造货币罪。

2. 增加或减少货币面额、减少金属货币的金属含量、改变货币年份等均属于变造。

第一百七十四条　【擅自设立金融机构罪】未经国家有关主管部门批准，擅自设立商业银行、证券交易所、期货交易所、证券公司、期货经纪公司、保险公司或者其他金融机构的，处三年以下有期徒刑或者拘役，并处或者单处二万元以上二十万元以下罚金；情节严重的，处三年以上十年以下有期徒刑，并处五万元以上五十万元以下罚金。

【伪造、变造、转让金融机构经营许可证、批准文件罪】伪造、变造、转让商业银行、证券交易所、期货交易所、证券公司、期货经纪公司、保险公司或者其他金融机构的经营许可证或者批准文件的，依照前款的规定处罚。

单位犯前两款罪的，对单位判处罚金，并对其直接负责的主管人员和其他直接责任人员，依照第一款的规定处罚。

★★ **第一百七十五条** 【高利转贷罪】以转贷牟利为目的，套取金融机构信贷资金高利转贷他人，违法所得数额较大的，处三年以下有期徒刑或者拘役，并处违法所得一倍以上五倍以下罚金；数额巨大的，处三年以上七年以下有期徒刑，并处违法所得一倍以上五倍以下罚金。

单位犯前款罪的，对单位判处罚金，并对其直接负责的主管人员和其他直接责任人员，处三年以下有期徒刑或者拘役。

疑难注释

以转贷牟利为目的，套取金融机构信贷资金高利转贷他人，违法所得数额在 50 万元以上的为数额较大，达到上述标准的，应当立案追诉。行为人以转贷牟利为目的，套取金融机构信贷资金高利转贷他人的数额不大的，不作为犯罪处理，可以给予相应的行政处罚。

★★ **第一百七十五条之一** 【骗取贷款、票据承兑、金融票证罪】以欺骗手段取得银行或者其他金融机构贷款、票据承兑、信用证、保函等，给银行或者其他金融机构造成重大损失的，处三年以下有期徒刑或者拘役，并处或者单处罚金；给银行或者其他金融机构造成特别重大损失或者有其他特别严重情节的，处三年以上七年以下有期徒刑，并处罚金。

单位犯前款罪的，对单位判处罚金，并对其直接负责的主管人员和其他直接责任人员，依照前款的规定处罚。

★★ **第一百七十六条** 【非法吸收公众存款罪】非法吸收公众存

款或者变相吸收公众存款，扰乱金融秩序的，处三年以下有期徒刑或者拘役，并处或者单处罚金；数额巨大或者有其他严重情节的，处三年以上十年以下有期徒刑，并处罚金；数额特别巨大或者有其他特别严重情节的，处十年以上有期徒刑，并处罚金。

单位犯前款罪的，对单位判处罚金，并对其直接负责的主管人员和其他直接责任人员，依照前款的规定处罚。

有前两款行为，在提起公诉前积极退赃退赔，减少损害结果发生的，可以从轻或者减轻处罚。

疑难注释

1. 公众存款，是指多数人或者不特定人（包括单位）的存款。

2. 非法吸收公众存款或者变相吸收公众存款：（1）未经有关部门依法许可或者借用合法经营的形式吸收资金；（2）通过网络、媒体、推介会、传单、手机信息等途径向社会公开宣传；（3）承诺在一定期限内以货币、实物、股权等方式还本付息或者给付回报；（4）向社会公众即社会不特定对象吸收资金。

未向社会公开宣传，在亲友或者单位内部针对特定对象吸收资金的，不属于非法吸收或者变相吸收公众存款。

★★ **第一百七十七条 【伪造、变造金融票证罪】** 有下列情形之一，伪造、变造金融票证的，处五年以下有期徒刑或者拘役，并处或者单处二万元以上二十万元以下罚金；情节严重的，处五年以上十年以下有期徒刑，并处五万元以上五十万元以下罚金；情节特别严重的，处十年以上有期徒刑或者无期徒刑，并处五万元以上五十万元以下罚金或者没收财产：

（一）伪造、变造汇票、本票、支票的；

（二）伪造、变造委托收款凭证、汇款凭证、银行存单等其他银行结算凭证的；

（三）伪造、变造信用证或者附随的单据、文件的；

·（四）伪造信用卡的。

单位犯前款罪的，对单位判处罚金，并对其直接负责的主管人员和其他直接责任人员，依照前款的规定处罚。

疑难注释

在伪造、变造金融票证罪中，伪造、变造的对象是金融票证，即票据、金融凭证、信用证和信用卡，包括票据诈骗罪、金融凭证诈骗罪、信用证诈骗罪和信用卡诈骗罪中的犯罪手段（即犯罪使用之物）。如果先伪造、变造了金融票证，而后又进行上述金融诈骗活动的，属于牵连犯，从一重罪处断。

★　**第一百七十七条之一　【妨害信用卡管理罪】** 有下列情形之一，妨害信用卡管理的，处三年以下有期徒刑或者拘役，并处或者单处一万元以上十万元以下罚金；数量巨大或者有其他严重情节的，处三年以上十年以下有期徒刑，并处二万元以上二十万元以下罚金：

（一）明知是伪造的信用卡而持有、运输的，或者明知是伪造的空白信用卡而持有、运输，数量较大的；

（二）非法持有他人信用卡，数量较大的；

（三）使用虚假的身份证明骗领信用卡的；

（四）出售、购买、为他人提供伪造的信用卡或者以虚假的身份证明骗领的信用卡的。

【窃取、收买、非法提供信用卡信息罪】 窃取、收买或者非法提供他人信用卡信息资料的，依照前款规定处罚。

银行或者其他金融机构的工作人员利用职务上的便利，犯第二款罪的，从重处罚。

疑难注释

明知是伪造的信用卡而持有、运输的，是"行为犯"，只要行为人有持有、运输伪造的信用卡的行为，无论信用卡数量多少，都构成本罪。

明知是伪造的空白信用卡而持有、运输，是"数额犯"，构成本罪要求数量较大。

非法持有他人信用卡，是"数额犯"，要求达到数量较大的标准才能构成本罪。

使用虚假的身份证明骗领信用卡，是"行为犯"，行为人只要有以虚假的身份证明欺骗金融机构领取信用卡，则构成本罪，而不论骗领信用卡的数量多少。

出售、购买、为他人提供伪造的信用卡或者以虚假的身份证明骗领的信用卡，也是"行为犯"，行为人只要实施了出售、购买、为他人提供伪造的信用卡或者以虚假的身份证明骗领的信用卡的行为，无论数量多少，都构成本罪。这种行为的对象必须是伪造的信用卡或者是以虚假的身份证明骗领的信用卡。

第一百七十八条 　**【伪造、变造国家有价证券罪】**伪造、变造国库券或者国家发行的其他有价证券，数额较大的，处三年以下有期徒刑或者拘役，并处或者单处二万元以上二十万元以下罚金；数额巨大的，处三年以上十年以下有期徒刑，并处五万元以上五十万元以下罚金；数额特别巨大的，处十年以上有期徒刑或者无期徒刑，并处五万元以上五十万元以下罚金或者没收财产。

【伪造、变造股票、公司、企业债券罪】伪造、变造股票或者公司、企业债券，数额较大的，处三年以下有期徒刑或者拘役，并处或者单处一万元以上十万元以下罚金；数额巨大的，处三年以上十年以下有期徒刑，并处二万元以上二十万元以下罚金。

单位犯前两款罪的，对单位判处罚金，并对其直接负责的主管人员和其他直接责任人员，依照前两款的规定处罚。

★ **第一百七十九条** 【**擅自发行股票、公司、企业债券罪**】未经国家有关主管部门批准，擅自发行股票或者公司、企业债券，数额巨大、后果严重或者有其他严重情节的，处五年以下有期徒刑或者拘役，并处或者单处非法募集资金金额百分之一以上百分之五以下罚金。

单位犯前款罪的，对单位判处罚金，并对其直接负责的主管人员和其他直接责任人员，处五年以下有期徒刑或者拘役。

疑难注释

　　未经国家有关主管部门批准或者注册，擅自发行股票或者公司、企业债券，涉嫌下列情形之一的，应予立案追诉：（1）非法募集资金金额在100万元以上的；（2）造成投资者直接经济损失数额累计在50万元以上的；（3）募集的资金全部或者主要用于违法犯罪活动的；（4）其他后果严重或者有其他严重情节的情形。

　　"擅自发行股票或者公司、企业债券"，是指未经国家有关主管部门批准，向社会不特定对象发行、以转让股权等方式变相发行股票或者公司、企业债券，或者向特定对象发行、变相发行股票或者公司、企业债券累计超过200人的行为。

★ **第一百八十条** 【**内幕交易、泄露内幕信息罪**】证券、期货交易内幕信息的知情人员或者非法获取证券、期货交易内幕信息的人员，在涉及证券的发行，证券、期货交易或者其他对证券、期货交易价格有重大影响的信息尚未公开前，买入或者卖出该证券，或者从事与该内幕信息有关的期货交易，或者泄露该信息，或者明示、暗示他人从事上述交易活动，情节严重的，处五年以下有期徒刑或者拘役，并处或者单处违法所得一倍以上五倍以下罚金；情节特别严重的，处五年以上十年以下有期徒刑，并处违法所得一倍以上五倍以下罚金。

单位犯前款罪的，对单位判处罚金，并对其直接负责的主管人员和其他直接责任人员，处五年以下有期徒刑或者拘役。

内幕信息、知情人员的范围，依照法律、行政法规的规定确定。

【利用未公开信息交易罪】证券交易所、期货交易所、证券公司、期货经纪公司、基金管理公司、商业银行、保险公司等金融机构的从业人员以及有关监管部门或者行业协会的工作人员，利用因职务便利获取的内幕信息以外的其他未公开的信息，违反规定，从事与该信息相关的证券、期货交易活动，或者明示、暗示他人从事相关交易活动，情节严重的，依照第一款的规定处罚。

疑难注释

根据《证券法》第52条之规定，证券交易活动中，涉及发行人的经营、财务或者对该发行人证券的市场价格有重大影响的尚未公开的信息，为内幕信息。《证券法》第80条第2款、第81条第2款所列重大事件属于内幕信息。内幕信息不包括运用公开的信息和资料，对证券市场作出的预测和分析。内幕信息具有两大特征：（1）重要性。所谓重要性应依以下确定：该被忽略的事实公开后，极有可能被理智的投资者看成改变了自己所掌握的信息的性质，那么，这些事实也就是重要的。如发行人发生重大债务、发行人资产遭到重大损失等都属于内幕信息，投资者一旦知悉，必然会慎重考虑，重新估价发行证券的企业、公司的价值，决定资金新的投资方向。一般来说，内幕信息都被列入"机密"的范围，其重要性体现在一旦公开，就可能影响到证券市场相关股票、债券的价格。(2) 未公开性。这些重要的信息和资料尚未公开，未让广大投资者广泛知晓并运用它进行证券买卖。通常认为，如果股价曾受有关情报通知的影响而波动，但很快趋于稳定，则该稳定时间可以认为是该情报已公开的时间，内幕交易的实质即抓住内幕信息公开前后的时间差牟利，因而界定内幕信息已公开化的时间十分重要，因为它关系到内幕交易罪犯罪时间的认定。如果内幕人员在交易过程中利用的内幕信息是该消息公开后引起股票价格起伏的唯一原因，从消息公布时起，到市场消化、分析消息，从而引起股价变动这一段时间，都应视为消息尚未公开。在这时间以前利用内幕信息进行证券买卖都应构成内幕交易。

★　**第一百八十一条**　**【编造并传播证券、期货交易虚假信息罪】**编造并且传播影响证券、期货交易的虚假信息，扰乱证券、期货交易市场，造成严重后果的，处五年以下有期徒刑或者拘役，并处或者单处一万元以上十万元以下罚金。

【诱骗投资者买卖证券、期货合约罪】证券交易所、期货交易所、证券公司、期货经纪公司的从业人员，证券业协会、期货业协会或者证券期货监督管理部门的工作人员，故意提供虚假信息或者伪造、变造、销毁交易记录，诱骗投资者买卖证券、期货合约，造成严重后果的，处五年以下有期徒刑或者拘役，并处或者单处一万元以上十万元以下罚金；情节特别恶劣的，处五年以上十年以下有期徒刑，并处二万元以上二十万元以下罚金。

单位犯前两款罪的，对单位判处罚金，并对其直接负责的主管人员和其他直接责任人员，处五年以下有期徒刑或者拘役。

疑难注释

　　诱骗投资者买卖证券、期货合约罪与编造并传播证券、期货交易虚假信息罪的界限：（1）前罪的主体是特殊主体，只有证券交易所、期货交易所、证券公司、期货经纪公司的从业人员、证券业协会、期货业协会或者证券、期货监督管理部门的工作人员及单位，才能构成本罪，非上述人员不能成为本罪主体；而后罪的主体为一般主体，其不仅限于上述特殊人员及单位。（2）前罪在主观方面出于故意且是为了诱骗他人买卖证券、期货合约；后罪则意在扰乱证券、期货交易市场，并不是出于诱骗他人买卖证券、期货合约的确切故意。（3）前罪在客观方面表现为两种行为方式，即故意提供虚假信息和伪造、变造、销毁交易记录，提供虚假信息的也不要求是自己编造；后罪则要求具有编造虚假信息再予以传播的行为。（4）前罪主体如果编造虚假信息而又故意扰乱证券、期货交易市场，则同时触犯本罪与后罪，这时应根据牵连犯择一重处罚的原则，以本罪定罪量刑。

★　**第一百八十二条　【操纵证券、期货市场罪】**有下列情形之一，操纵证券、期货市场，影响证券、期货交易价格或者证券、期货交易量，情节严重的，处五年以下有期徒刑或者拘役，并处或者单处罚金；情节特别严重的，处五年以上十年以下有期徒刑，并处罚金：

　　（一）单独或者合谋，集中资金优势、持股或者持仓优势或者利用信息优势联合或者连续买卖的；

　　（二）与他人串通，以事先约定的时间、价格和方式相互进行证券、期货交易的；

（三）在自己实际控制的帐户之间进行证券交易，或者以自己为交易对象，自买自卖期货合约的；

（四）不以成交为目的，频繁或者大量申报买入、卖出证券、期货合约并撤销申报的；

（五）利用虚假或者不确定的重大信息，诱导投资者进行证券、期货交易的；

（六）对证券、证券发行人、期货交易标的公开作出评价、预测或者投资建议，同时进行反向证券交易或者相关期货交易的；

（七）以其他方法操纵证券、期货市场的。

单位犯前款罪的，对单位判处罚金，并对其直接负责的主管人员和其他直接责任人员，依照前款的规定处罚。

疑难注释

　　本罪与内幕交易、泄露内幕信息罪的界限：（1）犯罪主体不同。本罪主体为一般主体，即年满16周岁、具有刑事责任能力的自然人及单位均可构成本罪。后罪的主体则为特殊主体。只有证券、期货交易内幕信息的知情单位和人员以及非法获取证券、期货交易内幕信息的单位和人员，才可构成其罪。（2）客观行为方式不同。本罪客观方面表现为各种各样的操纵证券、期货交易或证券、期货交易量的行为，如单独或者合谋，集中资金优势、持股或者持仓优势或者利用信息优势联合或者连续买卖证券、期货合约；与他人串通，以事先约定的时间、价格和方式相互进行证券、期货交易，或者相互买卖并不持有的证券；在自己实际控制的账户之间进行证券交易，或者以自己为交易对象，自买自卖期货合约；等等，均可以用来操纵证券、期货交易价格或证券、期货交易量，从而成为本罪的客观行为。后罪的客观行为方式则表现为在涉及证券的发行，证券、期货交易或者其他对证券、期货交易价格有重大影响的信息尚未公开前，买入或者卖出该证券，或者从事与该内幕信息有关的期货交易，或者泄露该信息的行为。在司法实践中，有些证券、期货交易内幕信息的知情单位、人员，或者非法获取证券、期货交易内幕信息的人员，出于获取不正当利益或转嫁风险的目的，利用自己所掌握的内幕信息，通过内幕交易，或者泄露内幕信息的方法来操纵、控制证券、期货交易价格，且情节严重，则既触犯本罪，又触犯内幕交易、泄露内幕信息罪，两者存在手段与目的的牵连关系，属牵连犯，根据牵连犯的处罚原则，应当从一重罪处断。

★　**第一百八十三条**　**【职务侵占罪】**保险公司的工作人员利用职务上的便利，故意编造未曾发生的保险事故进行虚假理赔，骗取保险金归自己所有的，依照本法第二百七十一条的规定定罪处罚。

【贪污罪】国有保险公司工作人员和国有保险公司委派到非国有保险公司从事公务的人员有前款行为的，依照本法第三百八十二条、第三百八十三条的规定定罪处罚。

★　**第一百八十四条**　**【非国家工作人员受贿罪】**银行或者其他金融机构的工作人员在金融业务活动中索取他人财物或者非法收受他人财物，为他人谋取利益的，或者违反国家规定，收受各种名义的回扣、手续费，归个人所有的，依照本法第一百六十三条的规定定罪处罚。

【受贿罪】国有金融机构工作人员和国有金融机构委派到非国有金融机构从事公务的人员有前款行为的，依照本法第三百八十五条、第三百八十六条的规定定罪处罚。

★ **第一百八十五条** 【挪用资金罪】商业银行、证券交易所、期货交易所、证券公司、期货经纪公司、保险公司或者其他金融机构的工作人员利用职务上的便利，挪用本单位或者客户资金的，依照本法第二百七十二条的规定定罪处罚。

【挪用公款罪】国有商业银行、证券交易所、期货交易所、证券公司、期货经纪公司、保险公司或者其他国有金融机构的工作人员和国有商业银行、证券交易所、期货交易所、证券公司、期货经纪公司、保险公司或者其他国有金融机构委派到前款规定中的非国有机构从事公务的人员有前款行为的，依照本法第三百八十四条的规定定罪处罚。

★ **第一百八十五条之一** 【背信运用受托财产罪】商业银行、证券交易所、期货交易所、证券公司、期货经纪公司、保险公司或者其他金融机构，违背受托义务，擅自运用客户资金或者其他委托、信托的财产，情节严重的，对单位判处罚金，并对其直接负责的主管人员和其他直接责任人员，处三年以下有期徒刑或者拘役，并处三万元以上三十万元以下罚金；情节特别严重的，处三年以上十年以下有期徒刑，并处五万元以上五十万元以下罚金。

【违法运用资金罪】社会保障基金管理机构、住房公积金管理机构等公众资金管理机构，以及保险公司、保险资产管理公司、证券投资基金管理公司，违反国家规定运用资金的，对其直接负责的主管人员和其他直接责任人员，依照前款的规定处罚。

疑难注释

　　背信运用受托财产罪的犯罪主体是特殊主体，只能由单位构成。因此本罪也属于纯正的单位犯罪。而且，这里的单位限于商业银行、证券交易所、期货交易所、证券公司、期货经纪公司、保险公司或者其他金融机构。

违法运用资金罪的犯罪主体为特殊主体，仅限于社会保障基金管理机构、住房公积金管理机构等公众资金管理机构，以及保险公司、保险资产管理公司、证券投资基金管理公司。自然人不能构成本罪。但本罪实行单罚制，仅处罚直接负责的主管人员和其他直接责任人员。

★ **第一百八十六条** 【**违法发放贷款罪**】银行或者其他金融机构的工作人员违反国家规定发放贷款，数额巨大或者造成重大损失的，处五年以下有期徒刑或者拘役，并处一万元以上十万元以下罚金；数额特别巨大或者造成特别重大损失的，处五年以上有期徒刑，并处二万元以上二十万元以下罚金。

银行或者其他金融机构的工作人员违反国家规定，向关系人发放贷款的，依照前款的规定从重处罚。

单位犯前两款罪的，对单位判处罚金，并对其直接负责的主管人员和其他直接责任人员，依照前两款的规定处罚。

关系人的范围，依照《中华人民共和国商业银行法》和有关金融法规确定。

疑难注释

发放贷款的对象既包括关系人也包括关系人以外的其他人。而违法向关系人发放贷款，构成本罪的加重情节，从重处罚。违法向关系人发放贷款中的"关系人"，不是泛指一切与金融机构或其工作人员有关系的人，而是《刑法》第186条第4款规定的，"关系人的范围，依照《中华人民共和国商业银行法》和有关金融法规等确定"。《商业银行法》第40条第2款将商业银行的关系人界定为：商业银行的董事、监事、管理人员、信贷业务人员及其近亲属；上列人员投资或担任高级管理职务的公司、企业和其他经济组织。

★ **第一百八十七条** 【吸收客户资金不入账罪】银行或者其他金融机构的工作人员吸收客户资金不入帐，数额巨大或者造成重大损失的，处五年以下有期徒刑或者拘役，并处二万元以上二十万元以下罚金；数额特别巨大或者造成特别重大损失的，处五年以上有期徒刑，并处五万元以上五十万元以下罚金。

单位犯前款罪的，对单位判处罚金，并对其直接负责的主管人员和其他直接责任人员，依照前款的规定处罚。

疑难注释

在以"数额巨大"定罪的情形下，行为人的主观心态为故意，即行为人明知其实施了吸收客户资金不入账的行为，其数额巨大还故意实施。本罪之立法意在重视行为本身的危害性。即便当事人行为当时对于造成重大损失是不希望的或者是放任的，只要按照一般人的认识，认定他对数额巨大有足够的认识，那么就构成本罪。

在造成"重大损失"的场合，行为人的主观心态一般是过失，即行为人虽然实施了吸收客户资金不入账的行为，但是其并非要非法占有，而是要通过"体外经营"来运作资金，其对于损失的结果，行为人是过失，而且更多的是过于自信的过失心理。同时也不排除有些金融机构工作人员在牟利心理的驱使下，明知资金可能无法收回，为了自己从中赚钱，仍然听之任之，实施"吸收客户资金不入账"的间接故意的心态。

第一百八十八条 【**违规出具金融票证罪**】银行或者其他金融机构的工作人员违反规定，为他人出具信用证或者其他保函、票据、存单、资信证明，情节严重的，处五年以下有期徒刑或者拘役；情节特别严重的，处五年以上有期徒刑。

单位犯前款罪的，对单位判处罚金，并对其直接负责的主管人员和其他直接责任人员，依照前款的规定处罚。

★ **第一百八十九条** 【**对违法票据承兑、付款、保证罪**】银行或者其他金融机构的工作人员在票据业务中，对违反票据法规定的票据予以承兑、付款或者保证，造成重大损失的，处五年以下有期徒刑或者拘役；造成特别重大损失的，处五年以上有期徒刑。

单位犯前款罪的，对单位判处罚金，并对其直接负责的主管人员和其他直接责任人员，依照前款的规定处罚。

★ **第一百九十条** 【**逃汇罪**】公司、企业或者其他单位，违反国家规定，擅自将外汇存放境外，或者将境内的外汇非法转移到境外，数额较大的，对单位判处逃汇数额百分之五以上百分之三十以下罚金，并对其直接负责的主管人员和其他直接责任人员，处五年以下有期徒刑或者拘役；数额巨大或者有其他严重情节的，对单位判处逃汇数额百分之五以上百分之三十以下罚金，并对其直接负责的主管人员和其他直接责任人员，处五年以上有期徒刑。

疑难注释

关于本罪，要注意以下两点：（1）数额是否较大。如果数额达到较大，并且具有严重情节的，则应适用重罪情节所对应的法定刑幅度裁量刑罚。（2）根据《全国人民代表大会常务委员会关于惩治骗购外汇、逃汇和非法买卖外汇犯罪的决定》第5条的规定："海关、外汇管理部门以及金融机构、从事对外贸易经营活动的公司、企业或者其他单位的工作人员与骗购外汇或者逃汇的行为人通谋，为其提供购买外汇的有关凭证或者其他便利的，或者明知是伪造、变造的凭证和单据而售汇、付汇的，以共犯论，依照本决定从重处罚。"

★★ **第一百九十一条** 【洗钱罪】为掩饰、隐瞒毒品犯罪、黑社会性质的组织犯罪、恐怖活动犯罪、走私犯罪、贪污贿赂犯罪、破坏金融管理秩序犯罪、金融诈骗犯罪的所得及其产生的收益的来源和性质，有下列行为之一的，没收实施以上犯罪的所得及其产生的收益，处五年以下有期徒刑或者拘役，并处或者单处罚金；情节严重的，处五年以上十年以下有期徒刑，并处罚金：

（一）提供资金帐户的；

（二）将财产转换为现金、金融票据、有价证券的；

（三）通过转帐或者其他支付结算方式转移资金的；

（四）跨境转移资产的；

（五）以其他方法掩饰、隐瞒犯罪所得及其收益的来源和性质的。

单位犯前款罪的，对单位判处罚金，并对其直接负责的主管人员和其他直接责任人员，依照前款的规定处罚。

疑难注释

1. "自洗钱"可构成本罪。

2. 以下情形不影响洗钱罪的认定：（1）上游犯罪尚未依法裁判，但查证属实的；（2）上游犯罪事实可以确认，因行为人死亡等原因依法不予追究刑事责任的；（3）上游犯罪事实成立，依法以其他罪名（如牵连犯、想象竞合犯等）定罪处罚的。

第五节　金融诈骗罪

★★ **第一百九十二条**　【集资诈骗罪】以非法占有为目的，使用诈骗方法非法集资，数额较大的，处三年以上七年以下有期徒刑，并处罚金；数额巨大或者有其他严重情节的，处七年以上有期徒刑或者无期徒刑，并处罚金或者没收财产。

单位犯前款罪的，对单位判处罚金，并对其直接负责的主管人员和其他直接责任人员，依照前款的规定处罚。

疑难注释

1. 个人集资诈骗数额在 10 万元以上、单位集资诈骗数额在 50 万元以上的，构成本罪。

2. 自然人和单位都可以构成本罪。

★★ **第一百九十三条**　【贷款诈骗罪】有下列情形之一，以非法占有为目的，诈骗银行或者其他金融机构的贷款，数额较大的，处五年以下有期徒刑或者拘役，并处二万元以上二十万元以下罚金；数额巨大或者有其他严重情节的，处五年以上十年以下有期徒刑，并处五万元以上五十万元以下罚金；数额特别巨大或者有其他特别严重情节的，处十年以上有期徒刑或者无期徒刑，并处五万元以上五十万元以下罚金或者没收财产：

（一）编造引进资金、项目等虚假理由的；

（二）使用虚假的经济合同的；

（三）使用虚假的证明文件的；

（四）使用虚假的产权证明作担保或者超出抵押物价值重复担保的；

（五）以其他方法诈骗贷款的。

★★ **第一百九十四条**　【票据诈骗罪】有下列情形之一，进行金融票据诈骗活动，数额较大的，处五年以下有期徒刑或者拘役，并处二万元以上二十万元以下罚金；数额巨大或者有其他严重情节的，处五年以上十年以下有期徒刑，并处五万元以上五十万元以下罚金；数额特别巨大或者有其他特别严重情节的，处十年以上有期徒刑或者无期徒刑，并处五万元以上五十万元以下罚金或者没收财产：

（一）明知是伪造、变造的汇票、本票、支票而使用的；

（二）明知是作废的汇票、本票、支票而使用的；

（三）冒用他人的汇票、本票、支票的；

（四）签发空头支票或者与其预留印鉴不符的支票，骗取财物的；

（五）汇票、本票的出票人签发无资金保证的汇票、本票或者在出票时作虚假记载，骗取财物的。

【金融凭证诈骗罪】 使用伪造、变造的委托收款凭证、汇款凭证、银行存单等其他银行结算凭证的，依照前款的规定处罚。

★★ **第一百九十五条** **【信用证诈骗罪】** 有下列情形之一，进行信用证诈骗活动的，处五年以下有期徒刑或者拘役，并处二万元以上二十万元以下罚金；数额巨大或者有其他严重情节的，处五年以上十年以下有期徒刑，并处五万元以上五十万元以下罚金；数额特别巨大或者有其他特别严重情节的，处十年以上有期徒刑或者无期徒刑，并处五万元以上五十万元以下罚金或者没收财产：

（一）使用伪造、变造的信用证或者附随的单据、文件的；

（二）使用作废的信用证的；

（三）骗取信用证的；

（四）以其他方法进行信用证诈骗活动的。

疑难注释

本罪属于行为犯，即行为人只要实施了刑法规定的四项行为之一的就构成本罪，不要求造成实际的危害后果。但是，在司法实践中，对于"情节显著轻微危害不大的"，也应根据《刑法》第13条的规定，不以犯罪论处。

★★★ **第一百九十六条** 【信用卡诈骗罪】有下列情形之一，进行信用卡诈骗活动，数额较大的，处五年以下有期徒刑或者拘役，并处二万元以上二十万元以下罚金；数额巨大或者有其他严重情节的，处五年以上十年以下有期徒刑，并处五万元以上五十万元以下罚金；数额特别巨大或者有其他特别严重情节的，处十年以上有期徒刑或者无期徒刑，并处五万元以上五十万元以下罚金或者没收财产：

（一）使用伪造的信用卡，或者使用以虚假的身份证明骗领的信用卡的；

（二）使用作废的信用卡的；

（三）冒用他人信用卡的；

（四）恶意透支的。

前款所称恶意透支，是指持卡人以非法占有为目的，超过规定限额或者规定期限透支，并且经发卡银行催收后仍不归还的行为。

盗窃信用卡并使用的，依照本法第二百六十四条的规定定罪处罚。

疑难注释

1. 信用卡是指由商业银行发行的具有消费支付、信用贷款、转账结算、存取现金等全部功能或者部分功能的电子支付卡。

2. 恶意透支，数额在 5 万元以上不满 50 万元的，应当认定为"数额较大"；数额在 50 万元以上不满 500 万元的，应当认定为"数额巨大"；数额在 500 万元以上的，应当认定为"数额特别巨大"。

3. 盗窃信用卡并使用的，构成盗窃罪。

★ **第一百九十七条** 【有价证券诈骗罪】使用伪造、变造的国库券或者国家发行的其他有价证券，进行诈骗活动，数额较大的，处五年以下有期徒刑或者拘役，并处二万元以上二十万元以下罚金；数额巨大或者有其他严重情节的，处五年以上十年以下有期徒刑，并处五万元以上五十万元以下罚金；数额特别巨大或者有其他特别严重情节的，处十年以上有期徒刑或者无期徒刑，并处五万元以上五十万元以下罚金或者没收财产。

疑难注释

本罪与伪造、变造有价证券罪的界限。二者的主要区别在于：（1）侵犯的客体不同。伪造、变造有价证券罪侵犯的是国家对有价证券的管理活动；本罪侵犯的是国家对有价证券的管理秩序和公私财产的所有权。（2）客观方面表现不同。伪造、变造有价证券罪惩罚的是伪造、变造有价证券的行为；而本罪惩罚的是使用伪造、变造有价证券进行的诈骗活动。本罪以伪造、变造有价证券为前提，如果行为人不是使用伪造、变造的有价证券，而是使用其他方法进行诈骗活动，则不构成本罪，而构成诈骗罪。

★★ **第一百九十八条** 【保险诈骗罪】有下列情形之一，进行保险诈骗活动，数额较大的，处五年以下有期徒刑或者拘役，并处一万元以上十万元以下罚金；数额巨大或者有其他严重情节的，处五年以上十年以下有期徒刑，并处二万元以上二十万元以下罚金；数额特别巨大或者有其他特别严重情节的，处十年以上有期徒刑，并处二万元以上二十万元以下罚金或者没收财产：

（一）投保人故意虚构保险标的，骗取保险金的；

（二）投保人、被保险人或者受益人对发生的保险事故编造虚假的原因或者夸大损失的程度，骗取保险金的；

（三）投保人、被保险人或者受益人编造未曾发生的保险事故，骗取保险金的；

（四）投保人、被保险人故意造成财产损失的保险事故，骗取保险金的；

（五）投保人、受益人故意造成被保险人死亡、伤残或者疾病，骗取保险金的。

有前款第四项、第五项所列行为，同时构成其他犯罪的，依照数罪并罚的规定处罚。

单位犯第一款罪的，对单位判处罚金，并对其直接负责的主管人员和其他直接责任人员，处五年以下有期徒刑或者拘役；数额巨大或者有其他严重情节的，处五年以上十年以下有期徒刑；数额特别巨大或者有其他特别严重情节的，处十年以上有期徒刑。

保险事故的鉴定人、证明人、财产评估人故意提供虚假的证明文件，为他人诈骗提供条件的，以保险诈骗的共犯论处。

疑难注释

1. 本罪主体包括投保人、被保险人与受益人，单位可以构成本罪。

2. 为骗取保险而杀害、伤害被保险人的，以保险诈骗罪与故意杀人罪、故意伤害罪数罪并罚。

第一百九十九条 （删去）

第二百条 　【单位犯金融诈骗罪的处罚规定】单位犯本节第一百九十四条、第一百九十五条规定之罪的，对单位判处罚金，并对其直接负责的主管人员和其他直接责任人员，处五年以下有期徒刑或者拘役，可以并处罚金；数额巨大或者有其他严重情节的，处五年以上十年以下有期徒刑，并处罚金；数额特别巨大或者有其他特别严重情节的，处十年以上有期徒刑或者无期徒刑，并处罚金。

第六节　危害税收征管罪

★★ **第二百零一条** 　【逃税罪】纳税人采取欺骗、隐瞒手段进行虚假纳税申报或者不申报，逃避缴纳税款数额较大并且占应纳税额百分之十以上的，处三年以下有期徒刑或者拘役，并处罚金；数额巨大并且占应纳税额百分之三十以上的，处三年以上七年以下有期徒刑，并处罚金。

扣缴义务人采取前款所列手段，不缴或者少缴已扣、已收税款，数额较大的，依照前款的规定处罚。

对多次实施前两款行为，未经处理的，按照累计数额计算。

有第一款行为，经税务机关依法下达追缴通知后，补缴应纳税款，缴纳滞纳金，已受行政处罚的，不予追究刑事责任；但是，五年内因逃避缴纳税款受过刑事处罚或者被税务机关给予二次以上行政处罚的除外。

> **疑难注释**
>
> 1. 数额较大是指 5 万元以上。
> 2. 对于逃税案件，应先经过税务机关的处理。税务机关没有处理的，司法机关不得直接追究行为人的刑事责任。

★ **第二百零二条** 　【抗税罪】以暴力、威胁方法拒不缴纳税款的，处三年以下有期徒刑或者拘役，并处拒缴税款一倍以上五倍以下罚金；情节严重的，处三年以上七年以下有期徒刑，并处拒缴税款一倍以上五倍以下罚金。

疑难注释

　　本罪与逃税罪的界限。两者的区别主要是：（1）主体要件不同。抗税罪的主体为负有纳税义务的个人；而逃税罪的主体包括负有纳税义务的单位、个人和扣缴义务人。（2）客观方面不同。抗税罪表现为以暴力、威胁方法拒不缴纳税款的行为；而逃税罪则表现为纳税人采取欺骗、隐瞒手段进行虚假纳税申报或者不申报，逃避缴纳税款数额较大并且占应纳税额 10% 以上或扣缴义务人采取前述手段不缴或者少缴已扣、已收税款，数额较大的行为。（3）犯罪标准不同。抗税罪只要行为人实施了以暴力、威胁方法拒不缴纳税款的行为就可构成；而逃税罪必须是逃税行为情节严重的才构成。

★　**第二百零三条**　**【逃避追缴欠税罪】**纳税人欠缴应纳税款，采取转移或者隐匿财产的手段，致使税务机关无法追缴欠缴的税款，数额在一万元以上不满十万元的，处三年以下有期徒刑或者拘役，并处或者单处欠缴税款一倍以上五倍以下罚金；数额在十万元以上的，处三年以上七年以下有期徒刑，并处欠缴税款一倍以上五倍以下罚金。

★★　**第二百零四条**　**【骗取出口退税罪】**以假报出口或者其他欺骗手段，骗取国家出口退税款，数额较大的，处五年以下有期徒刑或者拘役，并处骗取税款一倍以上五倍以下罚金；数额巨大或者有其他严重情节的，处五年以上十年以下有期徒刑，并处骗取税款一倍以上五倍以下罚金；数额特别巨大或者有其他特别严重情节的，处十年以上有期徒刑或者无期徒刑，并处骗取税款一倍以上五倍以下罚金或者没收财产。

纳税人缴纳税款后，采取前款规定的欺骗方法，骗取所缴纳的税款的，依照本法第二百零一条的规定定罪处罚；骗取税款超过所缴纳的税款部分，依照前款的规定处罚。

疑难注释

骗取税款超过所缴纳的税款部分，对超过的部分定骗取出口退税罪，与逃税罪并罚。

★★ **第二百零五条** 【**虚开增值税专用发票、用于骗取出口退税、抵扣税款发票罪**】虚开增值税专用发票或者虚开用于骗取出口退税、抵扣税款的其他发票的，处三年以下有期徒刑或者拘役，并处二万元以上二十万元以下罚金；虚开的税款数额较大或者有其他严重情节的，处三年以上十年以下有期徒刑，并处五万元以上五十万元以下罚金；虚开的税款数额巨大或者有其他特别严重情节的，处十年以上有期徒刑或者无期徒刑，并处五万元以上五十万元以下罚金或者没收财产。

单位犯本条规定之罪的，对单位判处罚金，并对其直接负责的主管人员和其他直接责任人员，处三年以下有期徒刑或者拘役；虚开的税款数额较大或者有其他严重情节的，处三年以上十年以下有期徒刑；虚开的税款数额巨大或者有其他特别严重情节的，处十年以上有期徒刑或者无期徒刑。

虚开增值税专用发票或者虚开用于骗取出口退税、抵扣税款的其他发票，是指有为他人虚开、为自己虚开、让他人为自己虚开、介绍他人虚开行为之一的。

疑难注释

虚开增值税专用发票、用于骗取出口退税、抵扣税款的其他发票后又以此骗取出口退税、抵扣税款的情况下，存在行为同时适用本罪与《刑法》第204条骗取出口退税罪、《刑法》第201条逃税罪的可能。这属于一罪同时触犯数法条的法条竞合，应适用特别法优于普通法的原则处理，即《刑法》第205条是特别法，第204条、第201条是普通法，应以本罪论处。

第二百零五条之一 　【虚开发票罪】虚开本法第二百零五条规定以外的其他发票，情节严重的，处二年以下有期徒刑、拘役或者管制，并处罚金；情节特别严重的，处二年以上七年以下有期徒刑，并处罚金。

单位犯前款罪的，对单位判处罚金，并对其直接负责的主管人员和其他直接责任人员，依照前款的规定处罚。

★　**第二百零六条** 　【伪造、出售伪造的增值税专用发票罪】伪造或者出售伪造的增值税专用发票的，处三年以下有期徒刑、拘役或者管制，并处二万元以上二十万元以下罚金；数量较大或者有其他严重情节的，处三年以上十年以下有期徒刑，并处五万元以上五十万元以下罚金；数量巨大或者有其他特别严重情节的，处十年以上有期徒刑或者无期徒刑，并处五万元以上五十万元以下罚金或者没收财产。

单位犯本条规定之罪的，对单位判处罚金，并对其直接负责的主管人员和其他直接责任人员，处三年以下有期徒刑、拘役或者管制；数量较大或者有其他严重情节的，处三年以上十年以下有期徒刑；数量巨大或者有其他特别严重情节的，处十年以上有期徒刑或者无期徒刑。

疑难注释

伪造或者出售伪造的增值税专用发票，涉嫌下列情形之一的，应予立案追诉：（1）票面税额累计在10万元以上的；（2）伪造或者出售伪造的增值税专用发票10份以上且票面税额在6万元以上的；（3）违法所得1万元以上的。

★ **第二百零七条** 【非法出售增值税专用发票罪】非法出售增值税专用发票的，处三年以下有期徒刑、拘役或者管制，并处二万元以上二十万元以下罚金；数量较大的，处三年以上十年以下有期徒刑，并处五万元以上五十万元以下罚金；数量巨大的，处十年以上有期徒刑或者无期徒刑，并处五万元以上五十万元以下罚金或者没收财产。

★★ **第二百零八条** 【非法购买增值税专用发票、购买伪造的增值税专用发票罪】非法购买增值税专用发票或者购买伪造的增值税专用发票的，处五年以下有期徒刑或者拘役，并处或者单处二万元以上二十万元以下罚金。

非法购买增值税专用发票或者购买伪造的增值税专用发票又虚开或者出售的，分别依照本法第二百零五条、第二百零六条、第二百零七条的规定定罪处罚。

疑难注释

非法购买增值税专用发票或者购买伪造的增值税专用发票，涉嫌下列情形之一的，应予立案追诉：（1）非法购买增值税专用发票或者购买伪造的增值税专用发票20份以上且票面税额在10万元以上的；（2）票面税额累计在20万元以上的。

★ **第二百零九条** 【非法制造、出售非法制造的用于骗取出口

退税、抵扣税款发票罪】伪造、擅自制造或者出售伪造、擅自制造的可以用于骗取出口退税、抵扣税款的其他发票的，处三年以下有期徒刑、拘役或者管制，并处二万元以上二十万元以下罚金；数量巨大的，处三年以上七年以下有期徒刑，并处五万元以上五十万元以下罚金；数量特别巨大的，处七年以上有期徒刑，并处五万元以上五十万元以下罚金或者没收财产。

【**非法制造、出售非法制造的发票罪**】伪造、擅自制造或者出售伪造、擅自制造的前款规定以外的其他发票的，处二年以下有期徒刑、拘役或者管制，并处或者单处一万元以上五万元以下罚金；情节严重的，处二年以上七年以下有期徒刑，并处五万元以上五十万元以下罚金。

【**非法出售用于骗取出口退税、抵扣税款发票罪**】非法出售可以用于骗取出口退税、抵扣税款的其他发票的，依照第一款的规定处罚。

【**非法出售发票罪**】非法出售第三款规定以外的其他发票的，依照第二款的规定处罚。

第二百一十条　【**盗窃罪**】盗窃增值税专用发票或者可以用于骗取出口退税、抵扣税款的其他发票的，依照本法第二百六十四条的规定定罪处罚。

【**诈骗罪**】使用欺骗手段骗取增值税专用发票或者可以用于骗取出口退税、抵扣税款的其他发票的，依照本法第二百六十六条的规定定罪处罚。

第二百一十条之一　【**持有伪造的发票罪**】明知是伪造的发票而持有，数量较大的，处二年以下有期徒刑、拘役或者管制，并处罚金；数量巨大的，处二年以上七年以下有期徒刑，并处罚金。

单位犯前款罪的，对单位判处罚金，并对其直接负责的主管人员和其他直接责任人员，依照前款的规定处罚。

第二百一十一条　【**单位犯危害税收征管罪的处罚规定**】单位犯本节第二百零一条、第二百零三条、第二百零四条、第二百零七条、第二百零八条、第二百零九条规定之罪的，对单位判处罚金，并对其直接负责的主管人员和其他直接责任人员，依照各该条的规定处罚。

第二百一十二条 【税收征缴优先原则】犯本节第二百零一条至第二百零五条规定之罪，被判处罚金、没收财产的，在执行前，应当先由税务机关追缴税款和所骗取的出口退税款。

第七节 侵犯知识产权罪

★★ 第二百一十三条 【假冒注册商标罪】未经注册商标所有人许可，在同一种商品、服务上使用与其注册商标相同的商标，情节严重的，处三年以下有期徒刑，并处或者单处罚金；情节特别严重的，处三年以上十年以下有期徒刑，并处罚金。

疑难注释

与被假冒的注册商标完全相同，或者与被假冒的注册商标基本无差别、足以对相关公众产生误导的商标，应当认定为本条规定的"与其注册商标相同的商标"。具有下列情形之一的，应当认定为与被假冒的注册商标基本无差别、足以对相关公众产生误导的商标：（1）改变注册商标的字体、字母大小写或者文字横竖排列，与注册商标之间基本无差别的；（2）改变注册商标的文字、字母、数字等之间的间距，与注册商标之间基本无差别的；（3）改变注册商标颜色，不影响体现注册商标显著特征的；（4）在注册商标上仅增加商品通用名称、型号等缺乏显著特征要素，不影响体现注册商标显著特征的；（5）与立体注册商标的三维标志及平面要素基本无差别的；（6）其他与注册商标基本无差别、足以对公众产生误导的。

★ **第二百一十四条** 【销售假冒注册商标的商品罪】 销售明知是假冒注册商标的商品，违法所得数额较大或者有其他严重情节的，处三年以下有期徒刑，并处或者单处罚金；违法所得数额巨大或者有其他特别严重情节的，处三年以上十年以下有期徒刑，并处罚金。

疑难注释

虽然《刑法修正案（十一）》将入罪标准由"销售金额数额较大"修改为"违法所得数额较大或者有其他严重情节"，但由于新的入罪标准增加了"其他严重情节"作为兜底性规定，因此，销售金额本身的大小仍然应当属于衡量行为人所实施的犯罪行为的情节是否达到了严重的重要参照。

第二百一十五条 【非法制造、销售非法制造的注册商标标识罪】 伪造、擅自制造他人注册商标标识或者销售伪造、擅自制造的注册商标标识，情节严重的，处三年以下有期徒刑，并处或者单处罚金；情节特别严重的，处三年以上十年以下有期徒刑，并处罚金。

★ **第二百一十六条** 【假冒专利罪】 假冒他人专利，情节严重的，处三年以下有期徒刑或者拘役，并处或者单处罚金。

★★ **第二百一十七条** 【侵犯著作权罪】 以营利为目的，有下列侵犯著作权或者与著作权有关的权利的情形之一，违法所得数额较大或者有其他严重情节的，处三年以下有期徒刑，并处或者单处罚金；违法所得数额巨大或者有其他特别严重情节的，处三年以上十年以下有期徒刑，并处罚金：

（一）未经著作权人许可，复制发行、通过信息网络向公众传播其文字作品、音乐、美术、视听作品、计算机软件及法律、行政法规规定的其他作品的；

（二）出版他人享有专有出版权的图书的；

（三）未经录音录像制作者许可，复制发行、通过信息网络向公众传播其制作的录音录像的；

（四）未经表演者许可，复制发行录有其表演的录音录像制品，或者通过信息网络向公众传播其表演的；

（五）制作、出售假冒他人署名的美术作品的；

（六）未经著作权人或者与著作权有关的权利人许可，故意避开或者破坏权利人为其作品、录音录像制品等采取的保护著作权或者与著作权有关的权利的技术措施的。

疑难注释

1. 实施侵犯著作权罪，又销售该侵权复制品的，定侵犯著作权罪。

2. 实施侵犯著作权罪，又销售他人的侵权复制品的，数罪并罚。

★ **第二百一十八条** 【销售侵权复制品罪】以营利为目的，销售明知是本法第二百一十七条规定的侵权复制品，违法所得数额巨大或者有其他严重情节的，处五年以下有期徒刑，并处或者单处罚金。

疑难注释

区分罪与非罪的界限，主要可以从以下几个方面进行考察：一是看行为人是否明知销售的属于侵权复制品，如果并不明知，即使存在严重过失也不构成犯罪；二是看其销售对象是否属于《刑法》规定的侵权复制品，不属于上述对象的不构成犯罪；三是看行为人是否有营利目的，无营利目的的不构成犯罪；四是看其销售违法所得数额大小，如果数额不大，不构成犯罪。

★★ **第二百一十九条** 【侵犯商业秘密罪】有下列侵犯商业秘密行为之一，情节严重的，处三年以下有期徒刑，并处或者单处罚金；情节特别严重的，处三年以上十年以下有期徒刑，并处罚金：

（一）以盗窃、贿赂、欺诈、胁迫、电子侵入或者其他不正当手段获取权利人的商业秘密的；

（二）披露、使用或者允许他人使用以前项手段获取的权利人的商业秘密的；

（三）违反保密义务或者违反权利人有关保守商业秘密的要求，披露、使用或者允许他人使用其所掌握的商业秘密的。

明知前款所列行为，获取、披露、使用或者允许他人使用该商业秘密的，以侵犯商业秘密论。

本条所称权利人，是指商业秘密的所有人和经商业秘密所有人许可的商业秘密使用人。

疑难注释

区分罪与非罪的界限，要把握两点：（1）侵犯行为是否出于主观故意。侵犯商业秘密罪是故意犯罪，过失不构成此罪。（2）情节是否严重。"情节严重"可以综合给商业秘密的权利人造成的损失、权利人公司因而发生经营困难、行为人是否多次实施上述侵犯商业秘密的行为、行为人侵权所得数额等情形，加以判断。情节不严重的，不构成本罪。

第二百一十九条之一 【为境外窃取、刺探、收买、非法提供商业秘密罪】为境外的机构、组织、人员窃取、刺探、收买、非法提供商业秘密的，处五年以下有期徒刑，并处或者单处罚金；情节严重的，处五年以上有期徒刑，并处罚金。

第二百二十条 【单位犯侵犯知识产权罪的处罚规定】单位犯本节第二百一十三条至第二百一十九条之一规定之罪的，对单位判处罚金，并对其直接负责的主管人员和其他直接责任人员，依照本节各该条的规定处罚。

第八节　扰乱市场秩序罪

★　**第二百二十一条** 【损害商业信誉、商品声誉罪】捏造并散布虚伪事实，损害他人的商业信誉、商品声誉，给他人造成重大损失或者有其他严重情节的，处二年以下有期徒刑或者拘役，并处或者单处罚金。

疑难注释

捏造并散布虚伪事实，损害他人的商业信誉、商品声誉，涉嫌下列情形之一的，应予立案追诉：（1）给他人造成直接经济损失数额在50万元以上的；（2）虽未达到上述数额标准，但造成公司、企业等单位停业、停产6个月以上，或者破产的；（3）其他给他人造成重大损失或者有其他严重情节的情形。

★★　**第二百二十二条** 【虚假广告罪】广告主、广告经营者、广告发布者违反国家规定，利用广告对商品或者服务作虚假宣传，情节严重的，处二年以下有期徒刑或者拘役，并处或者单处罚金。

疑难注释

广告主、广告经营者、广告发布者违反国家规定，利用广告对商品或者服务作虚假宣传，涉嫌下列情形之一的，应予立案追诉：(1) 违法所得数额在 10 万元以上的；(2) 假借预防、控制突发事件、传染病防治的名义，利用广告作虚假宣传，致使多人上当受骗，违法所得数额在 3 万元以上的；(3) 利用广告对食品、药品作虚假宣传，违法所得数额在 3 万元以上的；(4) 虽未达到上述数额标准，但 2 年内因利用广告作虚假宣传受过 2 次以上行政处罚，又利用广告作虚假宣传的；(5) 造成严重危害后果或者恶劣社会影响的；(6) 其他情节严重的情形。

★ **第二百二十三条** 【**串通投标罪**】投标人相互串通投标报价，损害招标人或者其他投标人利益，情节严重的，处三年以下有期徒刑或者拘役，并处或者单处罚金。

投标人与招标人串通投标，损害国家、集体、公民的合法利益的，依照前款的规定处罚。

★★ **第二百二十四条** 【**合同诈骗罪**】有下列情形之一，以非法占有为目的，在签订、履行合同过程中，骗取对方当事人财物，数额较大的，处三年以下有期徒刑或者拘役，并处或者单处罚金；数额巨大或者有其他严重情节的，处三年以上十年以下有期徒刑，并处罚金；数额特别巨大或者有其他特别严重情节的，处十年以上有期徒刑或者无期徒刑，并处罚金或者没收财产：

(一) 以虚构的单位或者冒用他人名义签订合同的；

(二) 以伪造、变造、作废的票据或者其他虚假的产权证明作担保的；

(三) 没有实际履行能力，以先履行小额合同或者部分履行合同的方法，诱骗对方当事人继续签订和履行合同的；

(四) 收受对方当事人给付的货物、货款、预付款或者担保财产后逃匿的；

（五）以其他方法骗取对方当事人财物的。

疑难注释

要注意本罪与一般合同纠纷的界限。合同纠纷与合同诈骗罪有许多相似之处：（1）两者都产生于民事交往过程中，并且都以合同形式出现；（2）在履行合同的过程中，对合同所规定的义务都不履行或不完全履行；（3）合同诈骗在客观上表现为虚构事实或者隐瞒事实真相，合同纠纷中的当事人有时也伴有欺骗行为；（4）两者都是非法占有特定物。尽管合同诈骗与合同纠纷有许多相似之处，但两者也有本质的区别。行为人主观上有无非法占有他人财物的目的，是区别两者的关键。

★　**第二百二十四条之一**　**【组织、领导传销活动罪】**组织、领导以推销商品、提供服务等经营活动为名，要求参加者以缴纳费用或者购买商品、服务等方式获得加入资格，并按照一定顺序组成层级，直接或者间接以发展人员的数量作为计酬或者返利依据，引诱、胁迫参加者继续发展他人参加，骗取财物，扰乱经济社会秩序的传销活动的，处五年以下有期徒刑或者拘役，并处罚金；情节严重的，处五年以上有期徒刑，并处罚金。

疑难注释

下列人员可以认定为传销活动的组织者、领导者：（1）在传销活动中起发起、策划、操纵作用的人员；（2）在传销活动中承担管理、协调等职责的人员；（3）在传销活动中承担宣传、培训等职责的人员；（4）因组织、领导传销活动受过刑事追究，或者1年内因组织、领导传销活动受过行政处罚，又直接或者间接发展参与传销活动人员在 15 人以上且层级在三级以上的人员；（5）其他对传销活动的实施和传销组织的建立、扩大等起关键作用的人员。

⭐⭐ **第二百二十五条** 【非法经营罪】违反国家规定，有下列非法经营行为之一，扰乱市场秩序，情节严重的，处五年以下有期徒刑或者拘役，并处或者单处违法所得一倍以上五倍以下罚金；情节特别严重的，处五年以上有期徒刑，并处违法所得一倍以上五倍以下罚金或者没收财产：

（一）未经许可经营法律、行政法规规定的专营、专卖物品或者其他限制买卖的物品的；

（二）买卖进出口许可证、进出口原产地证明以及其他法律、行政法规规定的经营许可证或者批准文件的；

（三）未经国家有关主管部门批准非法经营证券、期货、保险业务的，或者非法从事资金支付结算业务的；

（四）其他严重扰乱市场秩序的非法经营行为。

疑难注释

1. 非法经营罪是法定犯，是指未经行政特别许可而非法经营。

2. 以下情形定非法经营罪：非法经营出版物；非法生产、销售禁用的添加剂；非法经营烟草；擅自设立网吧；擅自发行、销售彩票；非法设置生猪屠宰场；经营"网络水军"服务；非法经营药品。

⭐⭐ **第二百二十六条** 【强迫交易罪】以暴力、威胁手段，实施下列行为之一，情节严重的，处三年以下有期徒刑或者拘役，并处或者单处罚金；情节特别严重的，处三年以上七年以下有期徒刑，并处罚金：

（一）强买强卖商品的；

（二）强迫他人提供或者接受服务的；

（三）强迫他人参与或者退出投标、拍卖的；

（四）强迫他人转让或者收购公司、企业的股份、债券或者其他资产的；

（五）强迫他人参与或者退出特定的经营活动的。

疑难注释

从事正常商品买卖、交易或者劳动服务的人，以暴力、胁迫手段迫使他人交出与合理价钱、费用相差不大钱物的，定强迫交易罪；以非法占有为目的，以买卖、交易、服务为幌子采用暴力、胁迫手段迫使他人交出与合理价钱、费用相差悬殊的钱物的，定抢劫罪。

★ **第二百二十七条** 　**【伪造、倒卖伪造的有价票证罪】**伪造或者倒卖伪造的车票、船票、邮票或者其他有价票证，数额较大的，处二年以下有期徒刑、拘役或者管制，并处或者单处票证价额一倍以上五倍以下罚金；数额巨大的，处二年以上七年以下有期徒刑，并处票证价额一倍以上五倍以下罚金。

【倒卖车票、船票罪】倒卖车票、船票，情节严重的，处三年以下有期徒刑、拘役或者管制，并处或者单处票证价额一倍以上五倍以下罚金。

疑难注释

伪造或者倒卖伪造的车票、船票、邮票或者其他有价票证，涉嫌下列情形之一的，应予立案追诉：（1）车票、船票票面数额累计 2000 元以上，或者数量累计 50 张以上的；（2）邮票票面数额累计 5000 元以上，或者数量累计 1000 枚以上的；（3）其他有价票证价额累计 5000 元以上，或者数量累计 100 张以上的；（4）非法获利累计 1000 元以上的；（5）其他数额较大的情形。

第二百二十八条 【非法转让、倒卖土地使用权罪】以牟利为目的，违反土地管理法规，非法转让、倒卖土地使用权，情节严重的，处三年以下有期徒刑或者拘役，并处或者单处非法转让、倒卖土地使用权价额百分之五以上百分之二十以下罚金；情节特别严重的，处三年以上七年以下有期徒刑，并处非法转让、倒卖土地使用权价额百分之五以上百分之二十以下罚金。

★ **第二百二十九条** 【提供虚假证明文件罪】承担资产评估、验资、验证、会计、审计、法律服务、保荐、安全评价、环境影响评价、环境监测等职责的中介组织的人员故意提供虚假证明文件，情节严重的，处五年以下有期徒刑或者拘役，并处罚金；有下列情形之一的，处五年以上十年以下有期徒刑，并处罚金：

（一）提供与证券发行相关的虚假的资产评估、会计、审计、法律服务、保荐等证明文件，情节特别严重的；

（二）提供与重大资产交易相关的虚假的资产评估、会计、审计等证明文件，情节特别严重的；

（三）在涉及公共安全的重大工程、项目中提供虚假的安全评价、环境影响评价等证明文件，致使公共财产、国家和人民利益遭受特别重大损失的。

有前款行为，同时索取他人财物或者非法收受他人财物构成犯罪的，依照处罚较重的规定定罪处罚。

【出具证明文件重大失实罪】第一款规定的人员，严重不负责任，出具的证明文件有重大失实，造成严重后果的，处三年以下有期徒刑或者拘役，并处或者单处罚金。

★ **第二百三十条** 　【逃避商检罪】违反进出口商品检验法的规定，逃避商品检验，将必须经商检机构检验的进口商品未报经检验而擅自销售、使用，或者将必须经商检机构检验的出口商品未报经检验合格而擅自出口，情节严重的，处三年以下有期徒刑或者拘役，并处或者单处罚金。

第二百三十一条 　【单位犯扰乱市场秩序罪的处罚规定】单位犯本节第二百二十一条至第二百三十条规定之罪的，对单位判处罚金，并对其直接负责的主管人员和其他直接责任人员，依照本节各该条的规定处罚。

第四章　侵犯公民人身权利、民主权利罪

★★★ **第二百三十二条**　【故意杀人罪】故意杀人的，处死刑、无期徒刑或者十年以上有期徒刑；情节较轻的，处三年以上十年以下有期徒刑。

疑难注释

　　下列行为，法律拟制为故意杀人罪：（1）非法拘禁并使用暴力致人死亡的；（2）刑讯逼供或暴力取证致人死亡的；（3）虐待被监管人致人死亡的；（4）聚众"打砸抢"致人死亡的；（5）聚众斗殴致人死亡的。

★★ **第二百三十三条**　【过失致人死亡罪】过失致人死亡的，处三年以上七年以下有期徒刑；情节较轻的，处三年以下有期徒刑。本法另有规定的，依照规定。

疑难注释

　　本罪的主体为一般主体，即凡年满16周岁且具备刑事责任能力的自然人均能构成本罪。已满14周岁不满16周岁的自然人不能成为本罪的主体。首先，本罪不是严重破坏社会秩序的犯罪。其次，对过失致人死亡结果的预见，要求行为人具有一定的认识能力和辨别能力。年满14周岁不满16周岁的未成年人，由于身心发育尚不成熟，知识水平及对客观事物的观察和认识能力、对自身行为可能造成的危害结果的认识，都有一定局限性，所以，他们是限制行为能力（含责任能力）人，因此，法律上不要求他们对过失行为负刑事责任。

★★ **第二百三十四条**　【故意伤害罪】故意伤害他人身体的，处

三年以下有期徒刑、拘役或者管制。

犯前款罪，致人重伤的，处三年以上十年以下有期徒刑；致人死亡或者以特别残忍手段致人重伤造成严重残疾的，处十年以上有期徒刑、无期徒刑或者死刑。本法另有规定的，依照规定。

疑难注释

本罪的主体为一般主体，即凡年满16周岁且具备刑事责任能力的自然人均能构成本罪。其中，已满12周岁不满14周岁的人犯本罪，致人死亡或者以特别残忍手段致人重伤造成严重残疾，情节恶劣，经最高人民检察院核准追诉的，应当负刑事责任；已满14周岁未满16周岁的自然人有故意伤害致人重伤或死亡行为的，应当负刑事责任。

★ **第二百三十四条之一** 【组织出卖人体器官罪】组织他人出卖人体器官的，处五年以下有期徒刑，并处罚金；情节严重的，处五年以上有期徒刑，并处罚金或者没收财产。

未经本人同意摘取其器官，或者摘取不满十八周岁的人的器官，或强迫、欺骗他人捐献器官的，依照本法第二百三十四条、第二百三十二条的规定定罪处罚。

违背本人生前意愿摘取其尸体器官，或者本人生前未表示同意，违反国家规定，违背其近亲属意愿摘取其尸体器官的，依照本法第三百零二条的规定定罪处罚。

疑难注释

本罪为行为犯，不以造成损害后果为既遂标准。也就是说，行为人只要有组织他人进行出卖人体器官的行为，无论是否对他人身体健康造成损害，都构成本罪。

★　**第二百三十五条**　【过失致人重伤罪】过失伤害他人致人重伤的，处三年以下有期徒刑或者拘役。本法另有规定的，依照规定。

疑难注释

　　本罪与意外事件致人重伤的界限，关键看行为人对他人重伤的结果是否能够预见、应否预见。这需要根据行为人的实际认识能力和行为当时的情况来考察。

★★　**第二百三十六条**　【强奸罪】以暴力、胁迫或者其他手段强奸妇女的，处三年以上十年以下有期徒刑。

　　奸淫不满十四周岁的幼女的，以强奸论，从重处罚。

　　强奸妇女、奸淫幼女，有下列情形之一的，处十年以上有期徒刑、无期徒刑或者死刑：

　　（一）强奸妇女、奸淫幼女情节恶劣的；

　　（二）强奸妇女、奸淫幼女多人的；

　　（三）在公共场所当众强奸妇女、奸淫幼女的；

　　（四）二人以上轮奸的；

　　（五）奸淫不满十周岁的幼女或者造成幼女伤害的；

　　（六）致使被害人重伤、死亡或者造成其他严重后果的。

疑难注释

　　强奸罪，是指违背妇女意志，使用暴力、胁迫或者其他手段，强行与妇女性交的行为。

　　1. 男性和女性都可构成强奸罪的实行犯，但单独直接正犯只能是男性。女性可构成强奸罪的教唆犯、帮助犯、间接正犯和共同正犯。

　　2. "二人以上轮奸"是指二人以上在同一段时间内共同对同一妇女（或幼女）轮流或同时奸淫。

　　3. 知道或者应当知道对方是不满14周岁的幼女，而实施奸淫等性侵害行为的，应当认定行为人"明知"对方是幼女。

　　4. 对不满12周岁的被害人实施奸淫等性侵害行为的，应当认定行为人"明知"对方是幼女。

　　5. 对已满12周岁不满14周岁的被害人，从其身体发育状况、言谈举止、衣着特征、生活作息规律等方面观察可能是幼女，而实施奸淫等性侵害行为的，应当认定行为人"明知"对方是幼女。

第二百三十六条之一　　**【负有照护职责人员性侵罪】** 对已满十四周岁不满十六周岁的未成年女性负有监护、收养、看护、教育、医疗等特殊职责的人员，与该未成年女性发生性关系的，处三年以下有期徒刑；情节恶劣的，处三年以上十年以下有期徒刑。

　　有前款行为，同时又构成本法第二百三十六条规定之罪的，依照处罚较重的规定定罪处罚。

疑难注释

　　与已满14周岁不满16周岁的未成年女性发生性关系，并未违背该未成年女性的意志的，成立本罪；如果行为人采用暴力、胁迫或者其他方法，违背该未成年女性的意志与其发生性关系的，成立强奸罪。

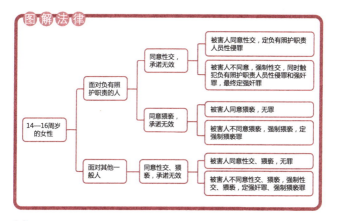

☆☆ **第二百三十七条** 【强制猥亵、侮辱罪】以暴力、胁迫或者其他方法强制猥亵他人或者侮辱妇女的，处五年以下有期徒刑或者拘役。

聚众或者在公共场所当众犯前款罪的，或者有其他恶劣情节的，处五年以上有期徒刑。

【猥亵儿童罪】猥亵儿童的，处五年以下有期徒刑；有下列情形之一的，处五年以上有期徒刑：

（一）猥亵儿童多人或者多次的；

（二）聚众猥亵儿童的，或者在公共场所当众猥亵儿童，情节恶劣的；

（三）造成儿童伤害或者其他严重后果的；

（四）猥亵手段恶劣或者有其他恶劣情节的。

疑难注释

1. 猥亵儿童罪的对象为不满 14 周岁的儿童。
2. 猥亵男童：包括性交在内的一切猥亵行为。
3. 猥亵女童：性交以外的其他猥亵行为。如果与幼女性交，构成强奸罪。

★★★ **第二百三十八条　【非法拘禁罪】** 非法拘禁他人或者以其他方法非法剥夺他人人身自由的，处三年以下有期徒刑、拘役、管制或者剥夺政治权利。具有殴打、侮辱情节的，从重处罚。

犯前款罪，致人重伤的，处三年以上十年以下有期徒刑；致人死亡的，处十年以上有期徒刑。使用暴力致人伤残、死亡的，依照本法第二百三十四条、第二百三十二条的规定定罪处罚。

为索取债务非法扣押、拘禁他人的，依照前两款的规定处罚。

国家机关工作人员利用职权犯前三款罪的，依照前三款的规定从重处罚。

疑难注释

1. 为索取债务非法扣押、拘禁他人的，构成非法拘禁罪。这里的"债务"既包括合法债务，也包括非法债务，但不包括单方面主张的债务。
2. 国家机关工作人员利用职权犯非法拘禁罪，从重处罚。
3. 在绑架、抢劫、拐卖等犯罪中，非法拘禁他人的，拘禁行为被吸收，不再定非法拘禁罪。
4. 有组织地多次短时间非法拘禁他人的，应当认定为"以其他方法非法剥夺他人人身自由"。非法拘禁他人 3 次以上、每次持续时间在 4 小时以上，或者非法拘禁他人累计时间在 12 小时以上的，应当以非法拘禁罪定罪处罚。

★★★ **第二百三十九条** 【绑架罪】以勒索财物为目的绑架他人的，或者绑架他人作为人质的，处十年以上有期徒刑或者无期徒刑，并处罚金或者没收财产；情节较轻的，处五年以上十年以下有期徒刑，并处罚金。

犯前款罪，杀害被绑架人的，或者故意伤害被绑架人，致人重伤、死亡的，处无期徒刑或者死刑，并处没收财产。

以勒索财物为目的偷盗婴幼儿的，依照前两款的规定处罚。

疑难注释

1. 绑架罪+故意杀人罪=绑架罪（适用升格法定刑）

绑架罪+故意伤害致人重伤、死亡=绑架罪（加重处罚）

2. 绑架过程中过失致人死亡的，属于想象竞合犯，择一重罪论处。

图解法律

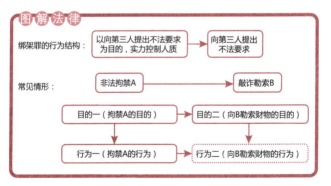

★★★ **第二百四十条** 【拐卖妇女、儿童罪】拐卖妇女、儿童的，处五年以上十年以下有期徒刑，并处罚金；有下列情形之一的，

处十年以上有期徒刑或者无期徒刑，并处罚金或者没收财产；情节特别严重的，处死刑，并处没收财产：

（一）拐卖妇女、儿童集团的首要分子；

（二）拐卖妇女、儿童三人以上的；

（三）奸淫被拐卖的妇女的；

（四）诱骗、强迫被拐卖的妇女卖淫或者将被拐卖的妇女卖给他人迫使其卖淫的；

（五）以出卖为目的，使用暴力、胁迫或者麻醉方法绑架妇女、儿童的；

（六）以出卖为目的，偷盗婴幼儿的；

（七）造成被拐卖的妇女、儿童或者其亲属重伤、死亡或者其他严重后果的；

（八）将妇女、儿童卖往境外的。

拐卖妇女、儿童是指以出卖为目的，有拐骗、绑架、收买、贩卖、接送、中转妇女、儿童的行为之一的。

疑难注释

对婴幼儿采取欺骗、利诱等手段使其脱离监护人或者看护人的，视为"偷盗婴幼儿"。

★★ **第二百四十一条** 【收买被拐卖的妇女、儿童罪】收买被拐卖的妇女、儿童的，处三年以下有期徒刑、拘役或者管制。

收买被拐卖的妇女，强行与其发生性关系的，依照本法第二百三十六条的规定定罪处罚。

收买被拐卖的妇女、儿童，非法剥夺、限制其人身自由或者有伤害、侮辱等犯罪行为的，依照本法的有关规定定罪处罚。

收买被拐卖的妇女、儿童，并有第二款、第三款规定的犯罪行为的，依照数罪并罚的规定处罚。

收买被拐卖的妇女、儿童又出卖的，依照本法第二百四十条的规定定罪处罚。

收买被拐卖的妇女、儿童，对被买儿童没有虐待行为，不阻碍对其进行解救的，可以从轻处罚；按照被买妇女的意愿，不阻碍其返回原居住地的，可以从轻或者减轻处罚。

★★ **第二百四十二条** 　【妨害公务罪】以暴力、威胁方法阻碍国家机关工作人员解救被收买的妇女、儿童的，依照本法第二百七十七条的规定定罪处罚。

【聚众阻碍解救被收买的妇女、儿童罪】聚众阻碍国家机关工作人员解救被收买的妇女、儿童的首要分子，处五年以下有期徒刑或者拘役；其他参与者使用暴力、威胁方法的，依照前款的规定处罚。

★★ **第二百四十三条** 　【诬告陷害罪】捏造事实诬告陷害他人，意图使他人受刑事追究，情节严重的，处三年以下有期徒刑、拘役或者管制；造成严重后果的，处三年以上十年以下有期徒刑。

国家机关工作人员犯前款罪的，从重处罚。

不是有意诬陷，而是错告，或者检举失实的，不适用前两款的规定。

疑难注释

　　本罪与错告的界限。《刑法》第243条第3款规定，不是有意诬陷，而是错告，或者检举失实的，不适用第243条第1、2款的规定。所谓错告，是指错误地指控他人有犯罪事实的告发行为。所谓检举失实，是指揭发他人罪行，但揭发的事实与实际情况完全不符或部分不符的行为。《宪法》规定，中华人民共和国公民对于任何国家机关和国家工作人员的违法失职行为，有向有关国家机关提出申诉、控告或者检举的权利，但是不得捏造或者歪曲事实进行诬告陷害。这就把诬告与错告在性质上清楚地区别开来了。诬告与错告，在主观方面有着质的不同。前者是故意捏造事实，作虚假告发，属于犯罪行为；后者则是由于情况不明，或者认识片面而在控告、检举中发生差错。由此可见，是否具有诬陷的故意，是区分诬告与错告的最基本的标志。

★ **第二百四十四条** 【强迫劳动罪】以暴力、威胁或者限制人身自由的方法强迫他人劳动的，处三年以下有期徒刑或者拘役，并处罚金；情节严重的，处三年以上十年以下有期徒刑，并处罚金。

明知他人实施前款行为，为其招募、运送人员或者有其他协助强迫他人劳动行为的，依照前款的规定处罚。

单位犯前两款罪的，对单位判处罚金，并对其直接负责的主管人员和其他直接责任人员，依照第一款的规定处罚。

疑难注释

本罪不再以"情节严重"作为定罪标准，行为人或者用人单位，只要以暴力、胁迫或者限制人身自由的方法强迫他人劳动，或者明知他人实施前述行为，为其招募、运送人员或者有其他协助强迫他人劳动的行为，就构成本罪，而"情节严重"则作为本罪的加重情节予以考量。

★ **第二百四十四条之一** 【雇用童工从事危重劳动罪】违反劳动管理法规，雇用未满十六周岁的未成年人从事超强度体力劳动的，或者从事高空、井下作业的，或者在爆炸性、易燃性、放射性、毒害性等危险环境下从事劳动，情节严重的，对直接责任人员，处三年以下有期徒刑或者拘役，并处罚金；情节特别严重的，处三年以上七年以下有期徒刑，并处罚金。

有前款行为，造成事故，又构成其他犯罪的，依照数罪并罚的规定处罚。

★　**第二百四十五条　【非法搜查罪】【非法侵入住宅罪】** 非法搜查他人身体、住宅，或者非法侵入他人住宅的，处三年以下有期徒刑或者拘役。

司法工作人员滥用职权，犯前款罪的，从重处罚。

疑难注释

非法侵入住宅罪与非法搜查罪的界限。非法搜查罪的对象也包括他人的住宅，当行为人非法搜查他人住宅时，和非法侵入住宅罪一样，也侵犯了他人的居住安全权利。但两罪不同的是，非法搜查罪也可以是对人身的搜查，非法侵入住宅则不直接侵犯人身自由。实践中应当注意，如果行为人未经同意强行进入他人住宅进行非法搜查的，对行为人应以其目的行为即非法搜查罪定罪处罚。

★★　**第二百四十六条　【侮辱罪】【诽谤罪】** 以暴力或者其他方法公然侮辱他人或者捏造事实诽谤他人，情节严重的，处三年以下有期徒刑、拘役、管制或者剥夺政治权利。

前款罪，告诉的才处理，但是严重危害社会秩序和国家利益的除外。

通过信息网络实施第一款规定的行为，被害人向人民法院告诉，但提供证据确有困难的，人民法院可以要求公安机关提供协助。

疑难注释

民事侵权侮辱行为与侮辱罪的区别是：（1）行为的严重程度不同。构成侮辱罪的必须是"情节严重"的行为；民事侵权的侮辱行为，仅限于"造成一定影响"的侮辱行为。（2）行为的对象不同。侮辱罪的对象只能是自然人；而民事侵权侮辱行为的对象可能为法人。《民法典》第110条规定，法人享有名誉权。侮辱法人的名誉可以构成民事侵权行为，而不构成侮辱罪。（3）对行为人主观过错的要求不同。侮辱罪的行为人主观上必须是直接故意；而民事侵权侮辱的行为人主观上既有故意，也有过失。即民事侵权行为人只要有过错，并在客观上造成了对他人人格、名誉的损害，就应承担名誉侵权的法律责任。

★★　第二百四十七条　【刑讯逼供罪】【暴力取证罪】 司法工作人员对犯罪嫌疑人、被告人实行刑讯逼供或者使用暴力逼取证人证言的，处三年以下有期徒刑或者拘役。致人伤残、死亡的，依照本法第二百三十四条、第二百三十二条的规定定罪从重处罚。

疑难注释

司法工作人员涉嫌对犯罪嫌疑人、被告人使用肉刑或者变相肉刑逼取口供，有下列情形之一的，应予立案：（1）以殴打、捆绑、违法使用械具等恶劣手段逼取口供的；（2）以较长时间冻、饿、晒、烤等手段逼取口供，严重损害犯罪嫌疑人、被告人身体健康的；（3）刑讯逼供造成犯罪嫌疑人、被告人轻伤、重伤、死亡的；（4）刑讯逼供，情节严重，导致犯罪嫌疑人、被告人自杀、自残造成重伤、死亡，或者精神失常的；（5）刑讯逼供，造成错案的；（6）刑讯逼供3人次以上的；（7）纵容、授意、指使、强迫他人刑讯逼供，具有上述情形之一的；（8）其他刑讯逼供应予追究刑事责任的情形。

★★ **第二百四十八条** 【虐待被监管人罪】监狱、拘留所、看守所等监管机构的监管人员对被监管人进行殴打或者体罚虐待，情节严重的，处三年以下有期徒刑或者拘役；情节特别严重的，处三年以上十年以下有期徒刑。致人伤残、死亡的，依照本法第二百三十四条、第二百三十二条的规定定罪从重处罚。

监管人员指使被监管人殴打或者体罚虐待其他被监管人的，依照前款的规定处罚。

第二百四十九条 【煽动民族仇恨、民族歧视罪】煽动民族仇恨、民族歧视，情节严重的，处三年以下有期徒刑、拘役、管制或者剥夺政治权利；情节特别严重的，处三年以上十年以下有期徒刑。

第二百五十条 【出版歧视、侮辱少数民族作品罪】在出版物中刊载歧视、侮辱少数民族的内容，情节恶劣，造成严重后果的，对直接责任人员，处三年以下有期徒刑、拘役或者管制。

第二百五十一条 【非法剥夺公民宗教信仰自由罪】【侵犯少数民族风俗习惯罪】国家机关工作人员非法剥夺公民的宗教信仰自由和侵犯少数民族风俗习惯，情节严重的，处二年以下有期徒刑或者拘役。

★ **第二百五十二条** 【侵犯通信自由罪】隐匿、毁弃或者非法开拆他人信件，侵犯公民通信自由权利，情节严重的，处一年以下有期徒刑或者拘役。

疑难注释

对于行为人无意中遗失、积压、毁弃他人信件，或者误把他人信件当作自己的信件开拆的，不构成犯罪。侵犯通信自由的行为，必须是情节严重的，才构成犯罪。《邮政法》第71条规定，冒领、私自开拆、隐匿、毁弃或者非法检查他人邮件、快件，尚不构成犯罪的，依法给予治安管理处罚。

第二百五十三条 【私自开拆、隐匿、毁弃邮件、电报罪】邮政工作人员私自开拆或者隐匿、毁弃邮件、电报的，处二年以下有期徒刑或者拘役。

犯前款罪而窃取财物的，依照本法第二百六十四条的规定定罪从重处罚。

★ **第二百五十三条之一** 【侵犯公民个人信息罪】违反国家有关规定，向他人出售或者提供公民个人信息，情节严重的，处三年以下有期徒刑或者拘役，并处或者单处罚金；情节特别严重的，处三年以上七年以下有期徒刑，并处罚金。

违反国家有关规定，将在履行职责或者提供服务过程中获得的公民个人信息，出售或者提供给他人的，依照前款的规定从重处罚。

窃取或者以其他方法非法获取公民个人信息的，依照第一款的规定处罚。

单位犯前三款罪的，对单位判处罚金，并对其直接负责的主管人员和其他直接责任人员，依照各该款的规定处罚。

疑难注释

　　公民个人信息，是指以电子或者其他方式记录的能够单独或者与其他信息结合识别特定自然人身份或者反映特定自然人活动情况的各种信息，包括姓名、身份证件号码、通信通讯联系方式、住址、账号密码、财产状况、行踪轨迹等。

★　　**第二百五十四条**　　【报复陷害罪】国家机关工作人员滥用职权、假公济私，对控告人、申诉人、批评人、举报人实行报复陷害的，处二年以下有期徒刑或者拘役；情节严重的，处二年以上七年以下有期徒刑。

疑难注释

　　国家机关工作人员涉嫌滥用职权、假公济私，对控告人、申诉人、批评人、举报人实行报复陷害，有下列情形之一的，应予立案：（1）报复陷害，情节严重，导致控告人、申诉人、批评人、举报人或者其近亲属自杀、自残造成重伤、死亡，或者精神失常的；（2）致使控告人、申诉人、批评人、举报人或者其近亲属的其他合法权利受到严重损害的；（3）其他报复陷害应予追究刑事责任的情形。

　　第二百五十五条　　【打击报复会计、统计人员罪】公司、企业、事业单位、机关、团体的领导人，对依法履行职责、抵制违反会计法、统计法行为的会计、统计人员实行打击报复，情节恶劣的，处三年以下有期徒刑或者拘役。

★　　**第二百五十六条**　　【破坏选举罪】在选举各级人民代表大会代表和国家机关领导人员时，以暴力、威胁、欺骗、贿赂、伪造选举文件、虚报选举票数等手段破坏选举或者妨害选民和代表自由行使选举权和被选举权，情节严重的，处三年以下有期徒刑、拘役或者剥夺政治权利。

疑难注释

　　在选举各级人民代表大会代表和国家机关领导人员时，以暴力、威胁、欺骗、贿赂、伪造选举文件、虚报选举票数等手段破坏选举或者妨害选民和代表自由行使选举权和被选举权，情节严重的，应当立案。国家机关工作人员利用职权破坏选举，涉嫌下列情形之一的，应予立案：（1）以暴力、威胁、欺骗、贿赂等手段，妨害选民、各级人民代表大会代表自由行使选举权和被选举权，致使选举无法正常进行，或者选举无效，或者选举结果不真实的；（2）以暴力破坏选举场所或者选举设备，致使选举无法正常进行的；（3）伪造选民证、选票等选举文件，虚报选举票数，产生不真实的选举结果或者强行宣布合法选举无效、非法选举有效的；（4）聚众冲击选举场所或者故意扰乱选举场所秩序，使选举工作无法进行的；（5）其他情节严重的情形。

★★ **第二百五十七条** 【暴力干涉婚姻自由罪】以暴力干涉他人婚姻自由的，处二年以下有期徒刑或者拘役。

　　犯前款罪，致使被害人死亡的，处二年以上七年以下有期徒刑。

　　第一款罪，告诉的才处理。

疑难注释

　　婚姻自由包括结婚自由与离婚自由，但不包括恋爱和分手的自由。

★★ **第二百五十八条** 【重婚罪】有配偶而重婚的，或者明知他人有配偶而与之结婚的，处二年以下有期徒刑或者拘役。

疑难注释

结婚后因遭受自然灾害外流谋生，或者因配偶长期外出下落不明，造成家庭生活严重困难，又与他人形成事实婚姻的；因强迫、包办婚姻或因婚后受虐待外逃，或者已婚妇女在被拐卖后，与他人形成事实婚姻的，都是受客观条件所迫，没有期待可能性，不构成重婚罪。上述妇女又与他人前往婚姻登记机关登记结婚的，有期待可能性，构成重婚罪。

★ **第二百五十九条** 【破坏军婚罪】明知是现役军人的配偶而与之同居或者结婚的，处三年以下有期徒刑或者拘役。

利用职权、从属关系，以胁迫手段奸淫现役军人的妻子的，依照本法第二百三十六条的规定定罪处罚。

疑难注释

本罪属于行为犯，只要行为人明知是现役军人的配偶而与之同居或者结婚的，原则上就构成犯罪，应当立案侦查。对军婚所保护的范围，按照《刑法》的规定仅限于配偶，而不包括婚约关系。因为根据《民法典》的规定，婚姻关系的确立以结婚登记为标准，订婚并不是结婚的必要前提条件，也不是建立婚姻家庭的必经阶段，婚约没有法律上的拘束力。

★ **第二百六十条** 【虐待罪】虐待家庭成员，情节恶劣的，处二年以下有期徒刑、拘役或者管制。

犯前款罪，致使被害人重伤、死亡的，处二年以上七年以下有期徒刑。

第一款罪，告诉的才处理，但被害人没有能力告诉，或者因受到强制、威吓无法告诉的除外。

疑难注释

本罪属于告诉才处理的自诉案件，一般采取不告不理的原则。但存在两种例外：（1）被害人没有能力告诉，或者因受到强制、威吓无法告诉。"被害人没有能力告诉"是指被害人因病重、年幼、智力缺陷、精神障碍等没有能力向人民法院告诉。（2）虐待家庭成员，致使被害人重伤、死亡的。

★ **第二百六十条之一** 【虐待被监护、看护人罪】对未成年人、老年人、患病的人、残疾人等负有监护、看护职责的人虐待被监护、看护的人，情节恶劣的，处三年以下有期徒刑或者拘役。

单位犯前款罪的，对单位判处罚金，并对其直接负责的主管人员和其他直接责任人员，依照前款的规定处罚。

有第一款行为，同时构成其他犯罪的，依照处罚较重的规定定罪处罚。

疑难注释

是否构成本罪，主要是看情节是否恶劣。"情节恶劣"主要是指虐待的动机卑鄙、手段凶残，长期虐待被监护、看护人，或者虐待后果严重。如果行为人有虐待被监护、看护的人的行为，但尚不够恶劣，对被监护、看护的人的身心健康也没有造成严重损害的，不构成本罪。如果行为人在实施虐待行为的同时实施了盗窃、抢劫等其他与虐待行为性质不同的犯罪，应当与本罪数罪并罚。

★★ **第二百六十一条** 【遗弃罪】对于年老、年幼、患病或者其他没有独立生活能力的人，负有扶养义务而拒绝扶养，情节恶劣的，处五年以下有期徒刑、拘役或者管制。

疑难注释

　　本罪是情节犯，遗弃行为必须达到情节恶劣程度的，才构成犯罪。也就是说，情节是否恶劣是区分遗弃罪与非罪的一个重要界限。根据司法实践经验，遗弃行为情节恶劣是指由于遗弃而致被害人重伤、死亡的；被害人因被遗弃而生活无着，流离失所，被迫沿街乞讨的；因遗弃而使被害人走投无路被迫自杀的；行为人屡经教育，拒绝改正而使被害人的生活陷入危难境地的；遗弃手段十分恶劣的（如在遗弃中又有打骂、虐待行为的）；等等。

★★★ **第二百六十二条** 【拐骗儿童罪】拐骗不满十四周岁的未成年人，脱离家庭或者监护人的，处五年以下有期徒刑或者拘役。

疑难注释

　　（1）以抚养为目的的拐走儿童，构成拐骗儿童罪；（2）以出卖为目的的拐走儿童，构成拐卖儿童罪；（3）以勒索财物为目的的拐走儿童，构成绑架罪；（4）以奸淫为目的的拐走女童，构成强奸罪；（5）以猥亵为目的的拐走儿童，构成猥亵儿童罪；（6）以抚养为目的的收买被拐卖的儿童，构成收买被拐卖的儿童罪。

★ **第二百六十二条之一** 【组织残疾人、儿童乞讨罪】以暴力、胁迫手段组织残疾人或者不满十四周岁的未成年人乞讨的，处三年以下有期徒刑或者拘役，并处罚金；情节严重的，处三年以上七年以下有期徒刑，并处罚金。

疑难注释

　　《治安管理处罚法》第 41 条明确规定，"胁迫、诱骗或者利用他人乞讨的"构成治安违法行为，处 10 日以上 15 日以下拘留，可以并处 1000 元以下罚款。反复纠缠、强行讨要或者以其他滋扰他人的方式乞讨的，处 5 日以下拘留或者警告。将组织残疾人、儿童乞讨罪的规定与《治安管理处罚法》的相关规定进行比较，二者存在以下差异：一是《治安管理处罚法》的保护对象为任何人，而非仅限于残疾人或者未成年人。而组织残疾人、儿童乞讨罪明确要求，只有残疾人与未满 14 周岁的儿童方能构成本罪的犯罪对象。二是《治安管理处罚法》处罚的对象更加广泛，非但组织者，所有实施了胁迫、诱骗或者利用他人乞讨的行为人和乞讨方式违法的乞讨行为人都是行政处罚的对象。而组织残疾人、儿童乞讨罪的处罚对象却只限于组织乞讨者。三是《治安管理处罚法》规定的行为方式也比组织残疾人、儿童乞讨罪广泛，只要是实施了利用他人进行乞讨的行为，不论采取何种手段均构成违反《治安管理处罚法》的违法行为。而组织残疾人、儿童乞讨罪则仅限于使用暴力与胁迫的手段。

　　第二百六十二条之二　**【组织未成年人进行违反治安管理活动罪】**组织未成年人进行盗窃、诈骗、抢夺、敲诈勒索等违反治安管理活动的，处三年以下有期徒刑或者拘役，并处罚金；情节严重的，处三年以上七年以下有期徒刑，并处罚金。

第五章 侵犯财产罪

★★★ **第二百六十三条** 【**抢劫罪**】以暴力、胁迫或者其他方法抢劫公私财物的，处三年以上十年以下有期徒刑，并处罚金；有下列情形之一的，处十年以上有期徒刑、无期徒刑或者死刑，并处罚金或者没收财产：

（一）入户抢劫的；

（二）在公共交通工具上抢劫的；

（三）抢劫银行或者其他金融机构的；

（四）多次抢劫或者抢劫数额巨大的；

（五）抢劫致人重伤、死亡的；

（六）冒充军警人员抢劫的；

（七）持枪抢劫的；

（八）抢劫军用物资或者抢险、救灾、救济物资的。

疑难注释

入户抢劫，是指为实施抢劫行为而进入他人生活的与外界相对隔离的住所，包括封闭的院落、牧民的帐篷、渔民作为家庭生活场所的渔船、为生活租用的房屋等进行抢劫的行为。

对于入户盗窃，因被发现而当场使用暴力或者以暴力相威胁的行为，应当认定为入户抢劫。

图解法律

⭐⭐ **第二百六十四条** 【盗窃罪】盗窃公私财物，数额较大的，或者多次盗窃、入户盗窃、携带凶器盗窃、扒窃的，处三年以下有期徒刑、拘役或者管制，并处或者单处罚金；数额巨大或者有其他严重情节的，处三年以上十年以下有期徒刑，并处罚金；数额特别巨大或者有其他特别严重情节的，处十年以上有期徒刑或者无期徒刑，并处罚金或者没收财产。

> **疑难注释**
>
> 盗窃公私财物价值 1000 元至 3000 元以上、3 万元至 10 万元以上、30 万元至 50 万元以上的，应当分别认定为本条规定的"数额较大""数额巨大""数额特别巨大"。2 年内盗窃 3 次以上的，应当认定为"多次盗窃"。

第二百六十五条 【盗窃罪】以牟利为目的，盗接他人通信线路、复制他人电信码号或者明知是盗接、复制的电信设备、设施而使用的，依照本法第二百六十四条的规定定罪处罚。

⭐⭐ **第二百六十六条** 【诈骗罪】诈骗公私财物，数额较大的，处三年以下有期徒刑、拘役或者管制，并处或者单处罚金；数额巨大或者有其他严重情节的，处三年以上十年以下有期徒刑，并处罚金；数额特别巨大或者有其他特别严重情节的，处十年以上有期徒刑或者无期徒刑，并处罚金或者没收财产。本法另有规定的，依照规定。

> **疑难注释**
>
> 1. 骗取幼儿或者精神病患者的财物，构成盗窃罪。
> 2. 数额较大的标准为 3000 元。

图解法律

欺骗行为 → 对方产生或维持认识错误 → 对方基于认识错误处分财物 → 行为人取得财物 → 对方遭受财产损失

★★ **第二百六十七条** **【抢夺罪】**抢夺公私财物，数额较大的，或者多次抢夺的，处三年以下有期徒刑、拘役或者管制，并处或者单处罚金；数额巨大或者有其他严重情节的，处三年以上十年以下有期徒刑，并处罚金；数额特别巨大或者有其他特别严重情节的，处十年以上有期徒刑或者无期徒刑，并处罚金或者没收财产。

携带凶器抢夺的，依照本法第二百六十三条的规定定罪处罚。

疑难注释

1. 多次抢夺是指2年以内有3次以上的抢夺行为。

2. 驾驶机动车、非机动车夺取他人财物，具有下列情形之一的，应当以抢劫罪定罪处罚：（1）夺取他人财物时因被害人不放手而强行夺取的；（2）驾驶车辆逼挤、撞击或者强行逼倒他人夺取财物的；（3）明知会致人伤亡仍然强行夺取并放任造成财物持有人轻伤以上后果的。

★ **第二百六十八条** **【聚众哄抢罪】**聚众哄抢公私财物，数额较大或者有其他严重情节的，对首要分子和积极参加的，处三年以下有期徒刑、拘役或者管制，并处罚金；数额巨大或者有其他特别严重情节的，处三年以上十年以下有期徒刑，并处罚金。

疑难注释

> 并非所有参加聚众哄抢的行为人都能成为本罪的主体，只有其中的首要分子或者积极参加的人才能成为本罪的主体。"首要分子"，是指在聚众哄抢中起组织、策划、指挥作用的人员。"积极参加的"，一般是指在聚众哄抢中，积极出主意，起骨干带头作用，哄抢财物较多的人。

第二百六十九条 【转化的抢劫罪】犯盗窃、诈骗、抢夺罪，为窝藏赃物、抗拒抓捕或者毁灭罪证而当场使用暴力或者以暴力相威胁的，依照本法第二百六十三条的规定定罪处罚。

★★ **第二百七十条 【侵占罪】**将代为保管的他人财物非法占为己有，数额较大，拒不退还的，处二年以下有期徒刑、拘役或者罚金；数额巨大或者有其他严重情节的，处二年以上五年以下有期徒刑，并处罚金。

将他人的遗忘物或者埋藏物非法占为己有，数额较大，拒不交出的，依照前款的规定处罚。

本条罪，告诉的才处理。

疑难注释

> 侵占罪是绝对的自诉案件，没有例外。侵占罪与其他财产犯罪区别的一个关键点在于侵占的两个行为特征：合法持有+非法侵吞。

★★ **第二百七十一条 【职务侵占罪】**公司、企业或者其他单位的工作人员，利用职务上的便利，将本单位财物非法占为己有，数额较大的，处三年以下有期徒刑或者拘役，并处罚金；数额巨大的，处三年以上十年以下有期徒刑，并处罚金；数额特别巨大的，处十年以上有期徒刑或者无期徒刑，并处罚金。

　　国有公司、企业或者其他国有单位中从事公务的人员和国有公司、企业或者其他国有单位委派到非国有公司、企业以及其他单位从事公务的人员有前款行为的，依照本法第三百八十二条、第三百八十三条的规定定罪处罚。

疑难注释

　　本罪与盗窃罪的界限。二者都是以非法占有财物为目的，侵犯财产所有权的犯罪。二者的主要区别是：（1）主体要件不同。本罪的主体是特殊主体，必须是公司、企业或者其他单位的工作人员；盗窃罪的主体为一般主体。（2）犯罪对象不同。本罪的对象只能是本单位的财物；而盗窃罪的对象是他人财物，包括公私财物，而且多为犯罪行为前不被自己控制的他人财物。（3）犯罪手段不同。本罪是利用职务上的便利侵占实际掌管的本单位财物；而盗窃罪则是采用秘密窃取的手段获取他人财物的行为。

★　**第二百七十二条　【挪用资金罪】** 公司、企业或者其他单位的工作人员，利用职务上的便利，挪用本单位资金归个人使用或者借贷给他人，数额较大、超过三个月未还的，或者虽未超过三个月，但数额较大、进行营利活动的，或者进行非法活动的，处三年以下有期徒刑或者拘役；挪用本单位资金数额巨大的，处三年以上七年以下有期徒刑；数额特别巨大的，处七年以上有期徒刑。

　　国有公司、企业或者其他国有单位中从事公务的人员和国有公司、企业或者其他国有单位委派到非国有公司、企业以及其他单位从事公务的人员有前款行为的，依照本法第三百八十四条的规定定罪处罚。

　　有第一款行为，在提起公诉前将挪用的资金退还的，可以从轻或者减轻处罚。其中，犯罪较轻的，可以减轻或者免除处罚。

疑难注释

公司、企业或者其他单位的工作人员，利用职务上的便利，挪用本单位资金归个人使用或者借贷给他人，涉嫌下列情形之一的，应予立案追诉：（1）挪用本单位资金数额5万元以上，超过3个月未还的；（2）挪用本单位资金5万元以上，进行营利活动的；（3）挪用本单位资金数额3万元以上，进行非法活动的。

★ **第二百七十三条** **【挪用特定款物罪】** 挪用用于救灾、抢险、防汛、优抚、扶贫、移民、救济款物，情节严重，致使国家和人民群众利益遭受重大损害的，对直接责任人员，处三年以下有期徒刑或者拘役；情节特别严重的，处三年以上七年以下有期徒刑。

疑难注释

本罪与贪污罪的界限。两者的主要区别有：（1）主观目的不同。挪用特定款物罪的主观目的是将特定款物挪作他用，用后归还；贪污罪的主观目的是将公共财产据为己有，改变财产所有权。（2）侵犯客体不同。前者既侵犯了财产所有权，又侵犯了国家财经管理制度，还侵犯了民政事业制度；后者侵犯的客体是公共财产所有权。（3）犯罪对象不同。前者是救灾、救济、抢险、优抚、防汛、扶贫、移民、救济款物；后者则是公共财物。（4）主体不同。前者是经手、掌管特定款物的人员；后者是经手、管理公共财物的人员。（5）行为性质手段不同。前者是非法挪用特定款物；后者是利用职务之便非法占有、盗窃、骗取、侵吞公共财产。

★★ **第二百七十四条** 【敲诈勒索罪】敲诈勒索公私财物，数额较大或者多次敲诈勒索的，处三年以下有期徒刑、拘役或者管制，并处或者单处罚金；数额巨大或者有其他严重情节的，处三年以上十年以下有期徒刑，并处罚金；数额特别巨大或者有其他特别严重情节的，处十年以上有期徒刑，并处罚金。

疑难注释

1. 多次敲诈勒索是指2年内敲诈勒索3次以上；数额较大是指2000元至5000元以上。

2. 敲诈勒索近亲属的财物，获得谅解的，一般不认为是犯罪；认定为犯罪的，应当酌情从宽处理。

★★ **第二百七十五条** 【故意毁坏财物罪】故意毁坏公私财物，数额较大或者有其他严重情节的，处三年以下有期徒刑、拘役或者罚金；数额巨大或者有其他特别严重情节的，处三年以上七年以下有期徒刑。

疑难注释

1. 毁坏财物，既包括物理上的毁坏，也包括功能上的毁坏。物理毁坏如低价抛售他人股票，功能毁坏如向他人的名画泼洒墨水、涂黑他人的广告牌。

2. 造成财物损失5000元以上的，构成本罪。

第二百七十六条 【破坏生产经营罪】由于泄愤报复或者其他个人目的，毁坏机器设备、残害耕畜或者以其他方法破坏生产经营的，处三年以下有期徒刑、拘役或者管制；情节严重的，处三年以上七年以下有期徒刑。

🔴 疑难注释

由于泄愤报复或者其他个人目的，毁坏机器设备、残害耕畜或者以其他方法破坏生产经营，涉嫌下列情形之一的，应予立案追诉：（1）造成公私财物损失 5000 元以上的；（2）破坏生产经营 3 次以上的；（3）纠集 3 人以上公然破坏生产经营的；（4）其他破坏生产经营应予追究刑事责任的情形。

第二百七十六条之一 【拒不支付劳动报酬罪】以转移财产、逃匿等方法逃避支付劳动者的劳动报酬或者有能力支付而不支付劳动者的劳动报酬，数额较大，经政府有关部门责令支付仍不支付的，处三年以下有期徒刑或者拘役，并处或者单处罚金；造成严重后果的，处三年以上七年以下有期徒刑，并处罚金。

单位犯前款罪的，对单位判处罚金，并对其直接负责的主管人员和其他直接责任人员，依照前款的规定处罚。

有前两款行为，尚未造成严重后果，在提起公诉前支付劳动者的劳动报酬，并依法承担相应赔偿责任的，可以减轻或者免除处罚。

🔴 疑难注释

以转移财产、逃匿等方法逃避支付劳动者的劳动报酬或者有能力支付而不支付劳动者的劳动报酬，经政府有关部门责令支付仍不支付，涉嫌下列情形之一的，应予立案追诉：

（1）拒不支付 1 名劳动者 3 个月以上的劳动报酬且数额在 5000 元至 2 万元以上的；（2）拒不支付 10 名以上劳动者的劳动报酬且数额累计在 3 万元至 10 万元以上的。不支付劳动者的劳动报酬，尚未造成严重后果，在刑事立案前支付劳动者的劳动报酬，并依法承担相应赔偿责任的，可以不予立案追诉。

第六章　妨害社会管理秩序罪

第一节　扰乱公共秩序罪

★★ **第二百七十七条**　【妨害公务罪】以暴力、威胁方法阻碍国家机关工作人员依法执行职务的，处三年以下有期徒刑、拘役、管制或者罚金。

以暴力、威胁方法阻碍全国人民代表大会和地方各级人民代表大会代表依法执行代表职务的，依照前款的规定处罚。

在自然灾害和突发事件中，以暴力、威胁方法阻碍红十字会工作人员依法履行职责的，依照第一款的规定处罚。

故意阻碍国家安全机关、公安机关依法执行国家安全工作任务，未使用暴力、威胁方法，造成严重后果的，依照第一款的规定处罚。

★ 【袭警罪】暴力袭击正在依法执行职务的人民警察的，处三年以下有期徒刑、拘役或者管制；使用枪支、管制刀具，或者以驾驶机动车撞击等手段，严重危及其人身安全的，处三年以上七年以下有期徒刑。

疑难注释

1. 本罪与人民群众抵制国家工作人员违法乱纪行为的界限：极少数国家机关工作人员，在执行公务过程中，假公济私，滥用职权，违法乱纪，损害群众的利益，引起公愤，群众对之进行抵制、斗争是应当支持、引导的。

2. 本罪与人民群众因提出合理要求，或者对政策不理解或者态度生硬而与国家机关工作人员发生争吵、围攻顶撞、纠缠行为的界限：群众围攻、顶撞国家工作人员，通常是由于群众对国家工作人员依法宣布的某项政策、决定、措施不理解，有意见，向国家工作人员提出质问，要求说明、解释、答复，由于情绪偏激、态度不冷静、方法不得当而形成的对国家工作人员的围攻、顶撞行为。在围攻、顶撞过程中，常伴有威胁性语言和类似暴力的推搡、拉扯行为，在客观上妨害了公务。

第二百七十八条 　【**煽动暴力抗拒法律实施罪**】煽动群众暴力抗拒国家法律、行政法规实施的，处三年以下有期徒刑、拘役、管制或者剥夺政治权利；造成严重后果的，处三年以上七年以下有期徒刑。

★★　**第二百七十九条** 　【**招摇撞骗罪**】冒充国家机关工作人员招摇撞骗的，处三年以下有期徒刑、拘役、管制或者剥夺政治权利；情节严重的，处三年以上十年以下有期徒刑。

　　冒充人民警察招摇撞骗的，依照前款的规定从重处罚。

疑难注释

　　本罪与诈骗罪的界限。两者都表现为欺骗行为，而且招摇撞骗罪也可以如诈骗那样骗取财物，因而容易混淆。两者的区别主要表现在：（1）侵害的客体不同。招摇撞骗罪侵犯的客体主要是国家机关的威信及其正常活动；而诈骗罪侵犯的客体仅限于公私财产权利。（2）行为手段不同。招摇撞骗罪的手段只限于冒充国家机关工作人员的身份或职称进行诈骗；诈骗罪的手段并无此限制，而可以利用任何虚构事实、隐瞒真相的手段和方式进行。（3）犯罪的主观目的不同。诈骗罪的犯罪目的，是希望非法占有公私财物；而招摇撞骗罪的犯罪目的，是追求非法利益，其内容较诈骗罪的目的广泛一些，它可以包括非法占有公私财物，也可以包括其他非法利益。(4) 构成犯罪有无数额限制的不同。只有诈骗数额较大以上的公私财物的，才可构成诈骗罪；而法律对招摇撞骗罪的构成并无数额较大的要求，这是因为，这种犯罪未必一定表现为诈骗财物，也有可能是骗取其他非法利益，其社会危害的严重性，首先集中地表现为由特定的犯罪手段所决定的对国家机关的威信和正常活动的破坏。尽管招摇撞骗罪与诈骗罪有上述区别，但在行为人冒充国家机关工作人员的身份或职称去骗取财物的情况下，一个行为同时触犯了两个罪名，属于想象竞合犯。处理想象竞合犯的案件应当按照从一重罪处断的原则。

★　**第二百八十条**　【**伪造、变造、买卖国家机关公文、证件、印章罪**】【**盗窃、抢夺、毁灭国家机关公文、证件、印章罪**】伪造、变造、买卖或者盗窃、抢夺、毁灭国家机关的公文、证件、印章的，处三年以下有期徒刑、拘役、管制或者剥夺政治权利，并处罚金；情节严重的，处三年以上十年以下有期徒刑，并处罚金。

【**伪造公司、企业、事业单位、人民团体印章罪**】伪造公司、企业、事业单位、人民团体的印章的，处三年以下有期徒刑、拘役、管制或者剥夺政治权利，并处罚金。

【**伪造、变造、买卖身份证件罪**】伪造、变造、买卖居民身份证、护照、社会保障卡、驾驶证等依法可以用于证明身份的证件的，处三年以下有期徒刑、拘役、管制或者剥夺政治权利，并处罚金；情节严重的，处三年以上七年以下有期徒刑，并处罚金。

★　**第二百八十条之一**　【**使用虚假身份证件、盗用身份证件**

罪】在依照国家规定应当提供身份证明的活动中，使用伪造、变造的或者盗用他人的居民身份证、护照、社会保障卡、驾驶证等依法可以用于证明身份的证件，情节严重的，处拘役或者管制，并处或者单处罚金。

有前款行为，同时构成其他犯罪的，依照处罚较重的规定定罪处罚。

疑难注释

行为人使用虚假身份证件、盗用身份证件并不是没有目的地使用、盗用，且目的多数是非法的，虽然是何目的不影响本罪的成立，但本罪往往是行为人实施相关犯罪的方法行为。如为了诈骗财物使用虚假身份证件、盗用身份证件与他人签订合同的，构成本罪与合同诈骗罪的牵连犯；为了和他人重婚而使用伪造的身份证件办理结婚登记的，构成本罪与重婚罪的牵连犯；使用虚假身份证件、盗用身份证件偷越国边境情节严重的，构成本罪与偷越国边境罪的牵连犯等。依照本罪第2款的规定，使用虚假身份证件、盗用身份证件，同时构成其他犯罪的，依照处罚较重的规定定罪处罚。

★ **第二百八十条之二** 【冒名顶替罪】盗用、冒用他人身份，顶替他人取得的高等学历教育入学资格、公务员录用资格、就业安置待遇的，处三年以下有期徒刑、拘役或者管制，并处罚金。

组织、指使他人实施前款行为的，依照前款的规定从重处罚。

国家工作人员有前两款行为，又构成其他犯罪的，依照数罪并罚的规定处罚。

> **疑难注释**
>
> 　　由于历史原因，现实中存在一些冒名但未顶替他人的行为，如冒名高中应届生参加高考，但通过自己正常考试入学，没有顶替他人入学资格的情况，此时不宜一刀切地认为构成本罪，对于行为人违反学籍管理制度的行为，可以通过行政处罚处理。

　　第二百八十一条　【非法生产、买卖警用装备罪】非法生产、买卖人民警察制式服装、车辆号牌等专用标志、警械，情节严重的，处三年以下有期徒刑、拘役或者管制，并处或者单处罚金。

　　单位犯前款罪的，对单位判处罚金，并对其直接负责的主管人员和其他直接责任人员，依照前款的规定处罚。

★　**第二百八十二条**　【非法获取国家秘密罪】以窃取、刺探、收买方法，非法获取国家秘密的，处三年以下有期徒刑、拘役、管制或者剥夺政治权利；情节严重的，处三年以上七年以下有期徒刑。

　　【非法持有国家绝密、机密文件、资料、物品罪】非法持有属于国家绝密、机密的文件、资料或者其他物品，拒不说明来源与用途的，处三年以下有期徒刑、拘役或者管制。

> **疑难注释**
>
> 　　区分罪与非罪的界限，关键是看：一是持有的文件、资料、物品的秘密是否属于国家秘密，必须根据国家秘密的范围、密级和保密期限予以认定；二是其行为是否已达到构成犯罪的情节，如果情节显著轻微，对国家和人民利益危害不大，则不应以犯罪论处。

第二百八十三条 【非法生产、销售专用间谍器材、窃听、窃照专用器材罪】非法生产、销售专用间谍器材或者窃听、窃照专用器材的，处三年以下有期徒刑、拘役或者管制，并处或者单处罚金；情节严重的，处三年以上七年以下有期徒刑，并处罚金。

单位犯前款罪的，对单位判处罚金，并对其直接负责的主管人员和其他直接责任人员，依照前款的规定处罚。

第二百八十四条 【非法使用窃听、窃照专用器材罪】非法使用窃听、窃照专用器材，造成严重后果的，处二年以下有期徒刑、拘役或者管制。

★ **第二百八十四条之一** 【组织考试作弊罪】在法律规定的国家考试中，组织作弊的，处三年以下有期徒刑或者拘役，并处或者单处罚金；情节严重的，处三年以上七年以下有期徒刑，并处罚金。

为他人实施前款犯罪提供作弊器材或者其他帮助的，依照前款的规定处罚。

【非法出售、提供试题、答案罪】为实施考试作弊行为，向他人非法出售或者提供第一款规定的考试的试题、答案的，依照第一款的规定处罚。

【代替考试罪】代替他人或者让他人代替自己参加第一款规定的考试的，处拘役或者管制，并处或者单处罚金。

疑难注释

行为人以窃取、刺探、收买方法非法获取国家考试的试题、答案后，组织考生作弊的，同时构成非法获取国家秘密罪和组织考试作弊罪的，成立牵连犯，应当择一重罪处罚。

以窃取、刺探、收买方法非法获取法律规定的国家考试的试题、答案，又组织考试作弊，分别符合《刑法》第282条和第284条之一规定的，以非法获取国家秘密罪和组织考试作弊罪数罪并罚。

设立用于实施考试作弊的网站、通讯群组或者发布有关考试作弊的信息，情节严重的，应当依照《刑法》第287条之一的规定，以非法利用信息网络罪定罪处罚；同时构成组织考试作弊罪、非法获取国家秘密罪等其他犯罪的，依照处罚较重的规定定罪处罚。

★　**第二百八十五条**　【非法侵入计算机信息系统罪】违反国家规定，侵入国家事务、国防建设、尖端科学技术领域的计算机信息系统的，处三年以下有期徒刑或者拘役。

【非法获取计算机信息系统数据、非法控制计算机信息系统罪】违反国家规定，侵入前款规定以外的计算机信息系统或者采用其他技术手段，获取该计算机信息系统中存储、处理或者传输的数据，或者对该计算机信息系统实施非法控制，情节严重的，处三年以下有期徒刑或者拘役，并处或者单处罚金；情节特别严重的，处三年以上七年以下有期徒刑，并处罚金。

【提供侵入、非法控制计算机信息系统程序、工具罪】提供专门用于侵入、非法控制计算机信息系统的程序、工具，或者明知他人实施侵入、非法控制计算机信息系统的违法犯罪行为而为其提供程序、工具，情节严重的，依照前款的规定处罚。

单位犯前三款罪的，对单位判处罚金，并对其直接负责的主管人员和其他直接责任人员，依照各该款的规定处罚。

疑难注释

　　非法侵入计算机信息系统罪是行为犯，只要行为人违反国家规定，故意实施了侵入国家事务、国防建设、尖端科学技术领域的计算机信息系统的行为，原则上就构成犯罪，应当立案追究。

★　**第二百八十六条**　【破坏计算机信息系统罪】违反国家规定，对计算机信息系统功能进行删除、修改、增加、干扰，造成计算机信息系统不能正常运行，后果严重的，处五年以下有期徒刑或者拘役；后果特别严重的，处五年以上有期徒刑。

　　违反国家规定，对计算机信息系统中存储、处理或者传输的数据和应用程序进行删除、修改、增加的操作，后果严重的，依照前款的规定处罚。

　　故意制作、传播计算机病毒等破坏性程序，影响计算机系统正常运行，后果严重的，依照第一款的规定处罚。

　　单位犯前三款罪的，对单位判处罚金，并对其直接负责的主管人员和其他直接责任人员，依照第一款的规定处罚。

疑难注释

　　本罪是结果犯，本罪的立案标准要同时具备两个条件：一是行为人违反国家规定，实施了对计算机信息系统功能进行删除、修改、增加、干扰的行为。二是行为人的行为造成了计算机信息系统不能正常运行，后果严重。同时具备上述两个条件的，应当立案追究。

　　第二百八十六条之一　【拒不履行信息网络安全管理义务罪】网络服务提供者不履行法律、行政法规规定的信息网络安全管理义务，经监管部门责令采取改正措施而拒不改正，有下列情形之一的，处三年以下有期徒刑、拘役或者管制，并处或者单处罚金：

（一）致使违法信息大量传播的；

（二）致使用户信息泄露，造成严重后果的；

（三）致使刑事案件证据灭失，情节严重的；

（四）有其他严重情节的。

单位犯前款罪的，对单位判处罚金，并对其直接负责的主管人员和其他直接责任人员，依照前款的规定处罚。

有前两款行为，同时构成其他犯罪的，依照处罚较重的规定定罪处罚。

第二百八十七条 【补充规定】利用计算机实施金融诈骗、盗窃、贪污、挪用公款、窃取国家秘密或者其他犯罪的，依照本法有关规定定罪处罚。

★ **第二百八十七条之一** 【非法利用信息网络罪】利用信息网络实施下列行为之一，情节严重的，处三年以下有期徒刑或者拘役，并处或者单处罚金：

（一）设立用于实施诈骗、传授犯罪方法、制作或者销售违禁物品、管制物品等违法犯罪活动的网站、通讯群组的；

（二）发布有关制作或者销售毒品、枪支、淫秽物品等违禁物品、管制物品或者其他违法犯罪信息的；

（三）为实施诈骗等违法犯罪活动发布信息的。

单位犯前款罪的，对单位判处罚金，并对其直接负责的主管人员和其他直接责任人员，依照第一款的规定处罚。

有前两款行为，同时构成其他犯罪的，依照处罚较重的规定定罪处罚。

疑难注释

利用信息网络实施的上述行为需要达到情节严重的程度才构成犯罪。关于"情节严重"的具体认定，针对第1款第1项可以根据行为人所设立的网站、通讯群组的数量、规模大小、受众多少、网站浏览量、点击量等因素来认定；针对第1款第2项可以根据行为人所发布的违法犯罪信息的数量、扩散范围、具体内容以及所发布的违法犯罪信息被他人用于实施违反犯罪行为等因素来认定；针对第1款第3项可以根据行为人发布信息所准备实施的犯罪的严重程度来认定。

是否构成本罪，主要看是否达到情节严重的程度。此外，还需要注意以下几个问题：第一，行为人必须利用的是信息网络，利用普通传播、宣传手段不构成本罪，如散发、张贴小广告等。第二，行为人设立网站、通讯群组的目的是用于实施违法犯罪活动。如果行为人出于合法目的设立网站、通讯群组，并从事正常的社交或者网络经营行为，后被他人用于实施违法犯罪活动的，设立网站、通讯群组的行为人不构成本罪。

★ **第二百八十七条之二** **【帮助信息网络犯罪活动罪】**明知他人利用信息网络实施犯罪，为其犯罪提供互联网接入、服务器托管、网络存储、通讯传输等技术支持，或者提供广告推广、支付结算等帮助，情节严重的，处三年以下有期徒刑或者拘役，并处或者单处罚金。

单位犯前款罪的，对单位判处罚金，并对其直接负责的主管人员和其他直接责任人员，依照第一款的规定处罚。

有前两款行为，同时构成其他犯罪的，依照处罚较重的规定定罪处罚。

> **疑难注释**
>
> 　　是否构成本罪，应当从以下三个方面具体认定：第一，行为人必须对他人利用信息网络实施犯罪的事实明知，如果行为人不知道他人利用信息网络实施的行为是犯罪行为，则不构成本罪。造成严重损失的，网络运营服务商要对自己监管不力、审核不严的行为承担相应的民事侵权责任，或者接受相应的行政处罚。第二，行为人所实施的广告推广、支付结算等帮助行为均应在信息网络环境下实施，如果行为人通过非网络途径为他人提供帮助的，则不构成本罪。第三，行为人的帮助行为必须达到情节严重的程度。

　　第二百八十八条　【扰乱无线电通讯管理秩序罪】违反国家规定，擅自设置、使用无线电台（站），或者擅自使用无线电频率，干扰无线电通讯秩序，情节严重的，处三年以下有期徒刑、拘役或者管制，并处或者单处罚金；情节特别严重的，处三年以上七年以下有期徒刑，并处罚金。

　　单位犯前款罪的，对单位判处罚金，并对其直接负责的主管人员和其他直接责任人员，依照前款的规定处罚。

★★　**第二百八十九条**　【故意伤害罪】【故意杀人罪】【抢劫罪】聚众"打砸抢"，致人伤残、死亡的，依照本法第二百三十四条、第二百三十二条的规定定罪处罚。毁坏或者抢走公私财物，除判令退赔外，对首要分子，依照本法第二百六十三条的规定定罪处罚。

★　**第二百九十条**　【聚众扰乱社会秩序罪】聚众扰乱社会秩序，情节严重，致使工作、生产、营业和教学、科研、医疗无法进行，造成严重损失的，对首要分子，处三年以上七年以下有期徒刑；对其他积极参加的，处三年以下有期徒刑、拘役、管制或者剥夺政治权利。

【**聚众冲击国家机关罪**】聚众冲击国家机关，致使国家机关工作无法进行，造成严重损失的，对首要分子，处五年以上十年以下有期徒刑；对其他积极参加的，处五年以下有期徒刑、拘役、管制或者剥夺政治权利。

【**扰乱国家机关工作秩序罪**】多次扰乱国家机关工作秩序，经行政处罚后仍不改正，造成严重后果的，处三年以下有期徒刑、拘役或者管制。

【**组织、资助非法聚集罪**】多次组织、资助他人非法聚集，扰乱社会秩序，情节严重的，依照前款的规定处罚。

疑难注释

　　聚众扰乱社会秩序罪与破坏生产经营罪的主要区别是：(1) 聚众扰乱社会秩序罪要求首要分子组织、纠集3人以上进行扰乱活动，一人或两人的扰乱活动，不能构成本罪。破坏生产经营罪则不要求多人，一人就构成此罪。(2) 聚众扰乱社会秩序罪行为人的意图是想通过聚众扰乱，迫使机关、企业等满足其无理要求，侵害的客体是社会管理秩序，具体则是机关、企业、人民团体等单位的工作生产及科研秩序。而破坏生产经营罪则是行为人出于泄愤报复或者其他个人目的，实施破坏机器设备等破坏生产经营的行为，侵害的客体是生产经营的正常活动。(3) 聚众扰乱社会秩序罪要求情节严重，并且造成严重后果，破坏生产经营罪则并不要求情节严重。(4) 聚众扰乱社会秩序罪虽然可能会存在正常的生产活动被破坏的情形，但这与破坏生产经营罪不一样；在破坏生产经营罪中，破坏正常的生产活动是行为人追求的直接目的；而在聚众扰乱社会秩序罪中，则由于行为人聚众扰乱，在客观上造成了企业无法生产的结果，二者有着本质的不同。

★　**第二百九十一条**　【聚众扰乱公共场所秩序、交通秩序罪】聚众扰乱车站、码头、民用航空站、商场、公园、影剧院、展览会、运动场或者其他公共场所秩序，聚众堵塞交通或者破坏交通秩序，抗拒、阻碍国家治安管理工作人员依法执行职务，情节严重的，对首要分子，处五年以下有期徒刑、拘役或者管制。

　　第二百九十一条之一　【投放虚假危险物质罪】【编造、故意传播虚假恐怖信息罪】投放虚假的爆炸性、毒害性、放射性、传染病病原体等物质，或者编造爆炸威胁、生化威胁、放射威胁等恐怖信息，或者明知是编造的恐怖信息而故意传播，严重扰乱社会秩序的，处五年以下有期徒刑、拘役或者管制；造成严重后果的，处五年以上有期徒刑。

　　【编造、故意传播虚假信息罪】编造虚假的险情、疫情、灾情、警情，在信息网络或者其他媒体上传播，或者明知是上述虚假信息，故意在信息网络或者其他媒体上传播，严重扰乱社会秩序的，处三年以下有期徒刑、拘役或者管制；造成严重后果的，处三年以上七年以下有期徒刑。

★★　**第二百九十一条之二**　【高空抛物罪】从建筑物或者其他高空抛掷物品，情节严重的，处一年以下有期徒刑、拘役或者管制，并处或者单处罚金。

　　有前款行为，同时构成其他犯罪的，依照处罚较重的规定定罪处罚。

疑难注释

　　本罪主观方面为故意。如因过失导致物品从高空坠落，致人重伤、死亡的，不成立本罪。

★★　**第二百九十二条**　【聚众斗殴罪】聚众斗殴的，对首要分子和其他积极参加的，处三年以下有期徒刑、拘役或者管制；有下列情形之一的，对首要分子和其他积极参加的，处三年以上十年以下有期徒刑：

（一）多次聚众斗殴的；

（二）聚众斗殴人数多，规模大，社会影响恶劣的；

（三）在公共场所或者交通要道聚众斗殴，造成社会秩序严重混乱的；

（四）持械聚众斗殴的。

聚众斗殴，致人重伤、死亡的，依照本法第二百三十四条、第二百三十二条的规定定罪处罚。

疑难注释

对聚众犯罪的处罚大致有三种情况：（1）只处罚首要分子，不处罚其他参加者，如聚众扰乱公共场所秩序、交通秩序罪。（2）只处罚首要分子和其他积极参加者，而不处罚一般参加者，该种情况又可以分为两类：一类是对首要分子和其他积极参加者处刑不同，如聚众扰乱社会秩序罪、聚众冲击国家机关罪；另一类是对首要分子和其他积极参加者处刑相同，如本条规定的聚众斗殴罪和第268条规定的聚众哄抢罪。（3）对首要分子、积极参加者以及其他参加者都予以处罚，只是在法定刑上予以区别，如组织越狱罪、暴动越狱罪、聚众持械劫狱罪以及武装叛乱、暴乱罪等。

★★ **第二百九十三条** 【寻衅滋事罪】有下列寻衅滋事行为之一，破坏社会秩序的，处五年以下有期徒刑、拘役或者管制：

（一）随意殴打他人，情节恶劣的；

（二）追逐、拦截、辱骂、恐吓他人，情节恶劣的；

（三）强拿硬要或者任意损毁、占用公私财物，情节严重的；

（四）在公共场所起哄闹事，造成公共场所秩序严重混乱的。

纠集他人多次实施前款行为，严重破坏社会秩序的，处五年以上十年以下有期徒刑，可以并处罚金。

疑难注释

1. 因婚恋、家庭、邻里债务等纠纷，殴打、辱骂、恐吓他人或者损毁、占用他人财物，一般不构成本罪。但经有关部门批评制止或者处理处罚后，仍继续实施前列行为，破坏社会秩序的，构成寻衅滋事罪。

2. 利用信息网络辱骂、恐吓他人，情节恶劣，破坏社会秩序的，以寻衅滋事罪定罪处罚；编造虚假信息，或者明知是编造的虚假信息，在信息网络上散布，或者组织、指使人员在信息网络上散布，起哄闹事，造成公共秩序严重混乱的，以寻衅滋事罪定罪处罚。

第二百九十三条之一　【催收非法债务罪】 有下列情形之一，催收高利放贷等产生的非法债务，情节严重的，处三年以下有期徒刑、拘役或者管制，并处或者单处罚金：

（一）使用暴力、胁迫方法的；

（二）限制他人人身自由或者侵入他人住宅的；

（三）恐吓、跟踪、骚扰他人的。

★★ **第二百九十四条　【组织、领导、参加黑社会性质组织罪】** 组织、领导黑社会性质的组织的，处七年以上有期徒刑，并处没收财产；积极参加的，处三年以上七年以下有期徒刑，可以并处罚金或者没收财产；其他参加的，处三年以下有期徒刑、拘役、管制或者剥夺政治权利，可以并处罚金。

【入境发展黑社会组织罪】 境外的黑社会组织的人员到中华人民共和国境内发展组织成员的，处三年以上十年以下有期徒刑。

【包庇、纵容黑社会性质组织罪】 国家机关工作人员包庇黑社会性质的组织，或者纵容黑社会性质的组织进行违法犯罪活动的，处五年以下有期徒刑；情节严重的，处五年以上有期徒刑。

犯前三款罪又有其他犯罪行为的，依照数罪并罚的规定处罚。

黑社会性质的组织应当同时具备以下特征：

（一）形成较稳定的犯罪组织，人数较多，有明确的组织者、领导者，骨干成员基本固定；

（二）有组织地通过违法犯罪活动或者其他手段获取经济利益，具有一定的经济实力，以支持该组织的活动；

（三）以暴力、威胁或者其他手段，有组织地多次进行违法犯罪活动，为非作恶，欺压、残害群众；

（四）通过实施违法犯罪活动，或者利用国家工作人员的包庇或者纵容，称霸一方，在一定区域或者行业内，形成非法控制或者重大影响，严重破坏经济、社会生活秩序。

疑难注释

黑社会性质组织，既不同于黑社会的有组织犯罪，也不同于《刑法》规定的"犯罪集团"。黑社会性质的组织应当同时具备以下特征：（1）形成较稳定的犯罪组织，人数较多，有明确的组织者、领导者，骨干成员基本固定；（2）有组织地通过违法犯罪活动或者其他手段获取经济利益，具有一定的经济实力，以支持该组织的活动；（3）以暴力、威胁或者其他手段，有组织地多次进行违法犯罪活动，为非作恶，欺压、残害群众；（4）通过实施违法犯罪活动，或者利用国家工作人员的包庇或者纵容，称霸一方，在一定区域或者行业内，形成非法控制或者造成重大影响，严重破坏经济、社会生活秩序。

★★ **第二百九十五条** 【传授犯罪方法罪】传授犯罪方法的，处五年以下有期徒刑、拘役或者管制；情节严重的，处五年以上十年以下有期徒刑；情节特别严重的，处十年以上有期徒刑或者无期徒刑。

疑难注释

本罪所传授的对象一般都是已具备某一种或几种犯罪决意，但实施中不乏原本没有犯罪意图或没有传授者所传授的犯罪的犯罪意图，由于传授者的传授，才得以产生了原来没有的犯罪决意。这时，行为人的行为是一个行为同时触犯了传授犯罪方法罪和教唆犯罪两个罪名，这是想象竞合犯，只能作为一罪处理，不存在数罪并罚问题。

传授犯罪方法罪的行为人基于传授犯罪方法，其手段行为或结果行为又触犯其他犯罪的，因前后两个行为存在手段行为与目的行为或目的行为与结果行为的牵连关系，虽分别有两个故意、两个不同的犯罪行为，是实质上的数罪，但是，按照我国刑法理论，这种情况还是当作一罪处理，从一重罪处罚，而不实行数罪并罚。

传授犯罪方法罪的行为人在向他人传授犯罪方法后，又与被传授人一起运用自己所传授的犯罪方法共同进行犯罪的，由于行为人主观上有两个故意，客观上又实行了两个犯罪行为，且这两个犯罪行为之间不存在牵连关系，侵犯了两个直接客体，符合两个犯罪构成，构成两个独立的犯罪，应该实行数罪并罚。

第二百九十六条 　【非法集会、游行、示威罪】举行集会、游行、示威，未依照法律规定申请或者申请未获许可，或者未按照主管机关许可的起止时间、地点、路线进行，又拒不服从解散命令，严重破坏社会秩序的，对集会、游行、示威的负责人和直接责任人员，处五年以下有期徒刑、拘役、管制或者剥夺政治权利。

第二百九十七条 【非法携带武器、管制刀具、爆炸物参加集会、游行、示威罪】违反法律规定，携带武器、管制刀具或者爆炸物参加集会、游行、示威的，处三年以下有期徒刑、拘役、管制或者剥夺政治权利。

第二百九十八条 【破坏集会、游行、示威罪】扰乱、冲击或者以其他方法破坏依法举行的集会、游行、示威，造成公共秩序混乱的，处五年以下有期徒刑、拘役、管制或者剥夺政治权利。

第二百九十九条 【侮辱国旗、国徽、国歌罪】在公共场合，故意以焚烧、毁损、涂划、玷污、践踏等方式侮辱中华人民共和国国旗、国徽的，处三年以下有期徒刑、拘役、管制或者剥夺政治权利。

在公共场合，故意篡改中华人民共和国国歌歌词、曲谱，以歪曲、贬损方式奏唱国歌，或者以其他方式侮辱国歌，情节严重的，依照前款的规定处罚。

★ **第二百九十九条之一** 【侵害英雄烈士名誉、荣誉罪】侮辱、诽谤或者以其他方式侵害英雄烈士的名誉、荣誉，损害社会公共利益，情节严重的，处三年以下有期徒刑、拘役、管制或者剥夺政治权利。

> **疑难注释**
>
> 本罪中的"英雄烈士"，是指已经牺牲、过世的人，如果行为人侮辱、诽谤或者以其他方式侵害仍健在的英雄模范的名誉、荣誉，应按照侮辱、诽谤罪的相关规定追究其刑事责任。

第三百条 【组织、利用会道门、邪教组织、利用迷信破坏法律实施罪】组织、利用会道门、邪教组织或者利用迷信破坏国家法律、行政法规实施的，处三年以上七年以下有期徒刑，并处罚金；情节特别严重的，处七年以上有期徒刑或者无期徒刑，并处罚金或者没收财产；情节较轻的，处三年以下有期徒刑、拘役、管制或者剥夺政治权利，并处或者单处罚金。

【**组织、利用会道门、邪教组织、利用迷信致人重伤、死亡罪**】组织、利用会道门、邪教组织或者利用迷信蒙骗他人，致人重伤、死亡的，依照前款的规定处罚。

犯第一款罪又有奸淫妇女、诈骗财物等犯罪行为的，依照数罪并罚的规定处罚。

★ **第三百零一条** 【**聚众淫乱罪**】聚众进行淫乱活动的，对首要分子或者多次参加的，处五年以下有期徒刑、拘役或者管制。

【**引诱未成年人聚众淫乱罪**】引诱未成年人参加聚众淫乱活动的，依照前款的规定从重处罚。

> **疑难注释**
>
> 聚众淫乱罪与组织卖淫罪的界限。两罪都侵犯了社会管理秩序，而且客观表现上也具有相似之处。组织卖淫罪是一种聚众犯罪，而组织卖淫罪的组织卖淫行为也具有聚众性。两罪的区别主要在于：首先，犯罪主体不同。组织卖淫罪处罚的是卖淫活动的组织者，而聚众淫乱罪的犯罪主体除了首要分子以外，还包括多次参加者。其次，聚众淫乱罪主观上以寻求空虚下流的精神刺激为动机；而组织卖淫罪行为人的实施组织卖淫行为多为利益所驱。最后，组织他人卖淫所控制的淫乱活动以卖淫嫖娼为内容，因此限于男女之间的性行为；而聚众淫乱罪不具有卖淫嫖娼的成分，淫乱活动并不限于男女之间不正当的性行为。

★ **第三百零二条** 【**盗窃、侮辱、故意毁坏尸体、尸骨、骨灰罪**】盗窃、侮辱、故意毁坏尸体、尸骨、骨灰的，处三年以下有期徒刑、拘役或者管制。

★★ **第三百零三条** 【赌博罪】以营利为目的，聚众赌博或者以赌博为业的，处三年以下有期徒刑、拘役或者管制，并处罚金。

【开设赌场罪】开设赌场的，处五年以下有期徒刑、拘役或者管制，并处罚金；情节严重的，处五年以上十年以下有期徒刑，并处罚金。

【组织参与国（境）外赌博罪】组织中华人民共和国公民参与国（境）外赌博，数额巨大或者有其他严重情节的，依照前款的规定处罚。

疑难注释

1. 聚众赌博，是指纠集多人进行赌博活动；以赌博为业，是指将赌博作为职业或者兼职。如果没有聚众，也没有以此为业，单纯的参与者不构成本罪。

2. 通过欺骗方法引诱他人参加赌博，属于聚众赌博的，构成赌博罪。

3. 赌博诈骗：利用赌博的形式设置骗局，诈骗他人财物的，构成诈骗罪。

4. 赌博贿赂：以赌博或者提供赌博资金的方式行贿、受贿的，构成贿赂犯罪。

第三百零四条 【故意延误投递邮件罪】邮政工作人员严重不负责任，故意延误投递邮件，致使公共财产、国家和人民利益遭受重大损失的，处二年以下有期徒刑或者拘役。

第二节 妨害司法罪

★★ **第三百零五条** 【伪证罪】在刑事诉讼中，证人、鉴定人、记录人、翻译人对与案件有重要关系的情节，故意作虚假证明、鉴定、记录、翻译，意图陷害他人或者隐匿罪证的，处三年以下有期徒刑或者拘役；情节严重的，处三年以上七年以下有期徒刑。

第三百零六条 【辩护人、诉讼代理人毁灭证据、伪造证据、妨害作证罪】在刑事诉讼中，辩护人、诉讼代理人毁灭、伪造证据，帮助当事人毁灭、伪造证据，威胁、引诱证人违背事实改变证言或者作伪证的，处三年以下有期徒刑或者拘役；情节严重的，处三年以上七年以下有期徒刑。

辩护人、诉讼代理人提供、出示、引用的证人证言或者其他证据失实，不是有意伪造的，不属于伪造证据。

★★ **第三百零七条** 【妨害作证罪】以暴力、威胁、贿买等方法阻止证人作证或者指使他人作伪证的，处三年以下有期徒刑或者拘役；情节严重的，处三年以上七年以下有期徒刑。

【帮助毁灭、伪造证据罪】帮助当事人毁灭、伪造证据，情节严重的，处三年以下有期徒刑或者拘役。

司法工作人员犯前两款罪的，从重处罚。

★ **第三百零七条之一** 【虚假诉讼罪】以捏造的事实提起民事诉讼，妨害司法秩序或者严重侵害他人合法权益的，处三年以下有期徒刑、拘役或者管制，并处或者单处罚金；情节严重的，处三年以上七年以下有期徒刑，并处罚金。

单位犯前款罪的，对单位判处罚金，并对其直接负责的主管人员和其他直接责任人员，依照前款的规定处罚。

有第一款行为，非法占有他人财产或者逃避合法债务，又构成其他犯罪的，依照处罚较重的规定定罪从重处罚。

司法工作人员利用职权，与他人共同实施前三款行为的，从重处罚；同时构成其他犯罪的，依照处罚较重的规定定罪从重处罚。

疑难注释

以捏造的事实提起民事诉讼，有下列情形之一的，应当认定为"情节严重"：（1）致使人民法院基于捏造的事实采取财产保全或者行为保全措施，造成他人经济损失100万元以上的；（2）①致使人民法院开庭审理，干扰正常司法活动；②致使人民法院基于捏造的事实作出裁判文书、制作财产分配方案，或者立案执行基于捏造的事实作出的仲裁裁决、公证债权文书；③多次以捏造的事实提起民事诉讼等，严重干扰正常司法活动或者严重损害司法公信力的；（3）致使义务人自动履行生效裁判文书确定的财产给付义务或者人民法院强制执行财产权益，数额达到100万元以上的；（4）致使他人债权无法实现，数额达到100万元以上的；（5）非法占有他人财产，数额达到10万元以上的；（6）致使他人因为不执行人民法院基于捏造的事实作出的判决、裁定，被采取刑事拘留、逮捕措施或者受到刑事追究的；（7）其他情节严重的情形。

★ **第三百零八条** 【打击报复证人罪】对证人进行打击报复的，处三年以下有期徒刑或者拘役；情节严重的，处三年以上七年以下有期徒刑。

疑难注释

打击报复证人，情节显著轻微，危害不大的，一般不以犯罪论处，可予批评教育，或者给予相应的行政纪律处分。打击报复证人情节严重，一般是指：致使被害人的人身权利、民主权利或者其他权利受到严重损害的；手段恶劣的；致人精神失常或自杀的，以及造成其他严重后果的。

第三百零八条之一 　【泄露不应公开的案件信息罪】司法工作人员、辩护人、诉讼代理人或者其他诉讼参与人，泄露依法不公开审理的案件中不应当公开的信息，造成信息公开传播或者其他严重后果的，处三年以下有期徒刑、拘役或者管制，并处或者单处罚金。

有前款行为，泄露国家秘密的，依照本法第三百九十八条的规定定罪处罚。

【披露、报道不应公开的案件信息罪】公开披露、报道第一款规定的案件信息，情节严重的，依照第一款的规定处罚。

单位犯前款罪的，对单位判处罚金，并对其直接负责的主管人员和其他直接责任人员，依照第一款的规定处罚。

★　**第三百零九条** 　【扰乱法庭秩序罪】有下列扰乱法庭秩序情形之一的，处三年以下有期徒刑、拘役、管制或者罚金：

（一）聚众哄闹、冲击法庭的；

（二）殴打司法工作人员或者诉讼参与人的；

（三）侮辱、诽谤、威胁司法工作人员或者诉讼参与人，不听法庭制止，严重扰乱法庭秩序的；

（四）有毁坏法庭设施，抢夺、损毁诉讼文书、证据等扰乱法庭秩序行为，情节严重的。

★★　**第三百一十条** 　【窝藏、包庇罪】明知是犯罪的人而为其提供隐藏处所、财物，帮助其逃匿或者作假证明包庇的，处三年以下有期徒刑、拘役或者管制；情节严重的，处三年以上十年以下有期徒刑。

犯前款罪，事前通谋的，以共同犯罪论处。

疑难注释

1. 窝藏是指为犯罪的人提供隐藏处所、财物，帮助其逃匿。常见的有：向犯罪的人通报侦查或追捕动静；向犯罪的人提供化妆的用具；向犯罪的人提供虚假的身份证件。

2. 包庇是指向公安司法机关提供虚假证明，掩护犯罪的人的行为。

第三百一十一条 【拒绝提供间谍犯罪、恐怖主义犯罪、极端主义犯罪证据罪】明知他人有间谍犯罪或者恐怖主义、极端主义犯罪行为，在司法机关向其调查有关情况、收集有关证据时，拒绝提供，情节严重的，处三年以下有期徒刑、拘役或者管制。

★★ **第三百一十二条** 【掩饰、隐瞒犯罪所得、犯罪所得收益罪】明知是犯罪所得及其产生的收益而予以窝藏、转移、收购、代为销售或者以其他方法掩饰、隐瞒的，处三年以下有期徒刑、拘役或者管制，并处或者单处罚金；情节严重的，处三年以上七年以下有期徒刑，并处罚金。

单位犯前款罪的，对单位判处罚金，并对其直接负责的主管人员和其他直接责任人员，依照前款的规定处罚。

疑难注释

本罪在主观方面只能是故意，即明知是犯罪所得及其产生的收益，而予以窝藏、转移、收购、代为销售或者以其他方式掩饰、隐瞒的。在明知是犯罪所得及其产生的收益的情况下，行为人认识到自己窝藏、转移、收购、代为销售或者以其他方式掩饰、隐瞒的行为，会发生妨害司法机关追缴犯罪所得及其产生的收益与从事刑事侦查、起诉、审判的正常活动秩序的危害结果，并且希望或者放任这种结果发生。至于如何判断行为人是否"明知是犯罪所得及其产生的收益"则是至关重要的问题。行为人必须事前与本犯没有通谋，如果行为人事前与本犯通谋，就事后窝藏、转移、收购、代为销售或者以其他方式掩饰、隐瞒的犯罪所得及其产生的收益达成合意的，则以共同犯罪论处。

★　**第三百一十三条**　【拒不执行判决、裁定罪】对人民法院的判决、裁定有能力执行而拒不执行，情节严重的，处三年以下有期徒刑、拘役或者罚金；情节特别严重的，处三年以上七年以下有期徒刑，并处罚金。

单位犯前款罪的，对单位判处罚金，并对其直接负责的主管人员和其他直接责任人员，依照前款的规定处罚。

疑难注释

1. 拒不执行人民法院的判决和裁定，包括刑事、民事、行政判决和裁定，但不包括人民法院的调解书。

2. 判决、裁定必须是生效后的判决、裁定。

3. 暴力抗拒执行判决、裁定，杀害、重伤执行人员的，构成本罪与故意伤害罪、故意杀人罪的想象竞合犯，从一重罪处罚，定故意伤害罪、故意杀人罪。

4. 国家机关工作人员收受贿赂或者滥用职权，实施本罪的，从一重罪处罚。

★　**第三百一十四条**　【非法处置查封、扣押、冻结的财产罪】隐藏、转移、变卖、故意毁损已被司法机关查封、扣押、冻结的财产，情节严重的，处三年以下有期徒刑、拘役或者罚金。

疑难注释

　　只有情节严重的才构成本罪。所谓情节严重，是指由于行为人的妨害行为致使判决、裁定的财产部分无法执行的；严重干扰了案件的侦查、起诉活动的；隐藏、转移、变卖、故意毁坏的财产数量巨大的。

★★　**第三百一十五条**　【破坏监管秩序罪】依法被关押的罪犯，有下列破坏监管秩序行为之一，情节严重的，处三年以下有期徒刑：

　　（一）殴打监管人员的；

　　（二）组织其他被监管人破坏监管秩序的；

　　（三）聚众闹事，扰乱正常监管秩序的；

　　（四）殴打、体罚或者指使他人殴打、体罚其他被监管人的。

★★　**第三百一十六条**　【脱逃罪】依法被关押的罪犯、被告人、犯罪嫌疑人脱逃的，处五年以下有期徒刑或者拘役。

　　【劫夺被押解人员罪】劫夺押解途中的罪犯、被告人、犯罪嫌疑人的，处三年以上七年以下有期徒刑；情节严重的，处七年以上有期徒刑。

　　第三百一十七条　【组织越狱罪】组织越狱的首要分子和积极参加的，处五年以上有期徒刑；其他参加的，处五年以下有期徒刑或者拘役。

　　【暴动越狱罪】【聚众持械劫狱罪】暴动越狱或者聚众持械劫狱的首要分子和积极参加的，处十年以上有期徒刑或者无期徒刑；情节特别严重的，处死刑；其他参加的，处三年以上十年以下有期徒刑。

第三节　妨害国（边）境管理罪

★★ 第三百一十八条　【组织他人偷越国（边）境罪】 组织他人偷越国（边）境的，处二年以上七年以下有期徒刑，并处罚金；有下列情形之一的，处七年以上有期徒刑或者无期徒刑，并处罚金或者没收财产：

（一）组织他人偷越国（边）境集团的首要分子；

（二）多次组织他人偷越国（边）境或者组织他人偷越国（边）境人数众多的；

（三）造成被组织人重伤、死亡的；

（四）剥夺或者限制被组织人人身自由的；

（五）以暴力、威胁方法抗拒检查的；

（六）违法所得数额巨大的；

（七）有其他特别严重情节的。

犯前款罪，对被组织人有杀害、伤害、强奸、拐卖等犯罪行为，或者对检查人员有杀害、伤害等犯罪行为的，依照数罪并罚的规定处罚。

疑难注释

　　在实施组织他人偷越国（边）境时，对被组织人有强奸行为的，是以本罪和强奸罪实行数罪并罚。这与在实施拐卖妇女犯罪行为的过程中强奸被拐卖妇女的情况不同，在实施上述犯罪时有强奸被拐卖妇女行为的，只是适用更重的刑罚，并不是数罪并罚。与本罪规定相类似的还有运送他人偷越国（边）境罪。

★ 第三百一十九条　【骗取出境证件罪】 以劳务输出、经贸往来或者其他名义，弄虚作假，骗取护照、签证等出境证件，为组织他人偷越国（边）境使用的，处三年以下有期徒刑，并处罚金；情节严重的，处三年以上十年以下有期徒刑，并处罚金。

单位犯前款罪的，对单位判处罚金，并对其直接负责的主管人员和其他直接责任人员，依照前款的规定处罚。

★ **第三百二十条** 【提供伪造、变造的出入境证件罪】【出售出入境证件罪】为他人提供伪造、变造的护照、签证等出入境证件，或者出售护照、签证等出入境证件的，处五年以下有期徒刑，并处罚金；情节严重的，处五年以上有期徒刑，并处罚金。

★★ **第三百二十一条** 【运送他人偷越国（边）境罪】运送他人偷越国（边）境的，处五年以下有期徒刑、拘役或者管制，并处罚金；有下列情形之一的，处五年以上十年以下有期徒刑，并处罚金：

（一）多次实施运送行为或者运送人数众多的；

（二）所使用的船只、车辆等交通工具不具备必要的安全条件，足以造成严重后果的；

（三）违法所得数额巨大的；

（四）有其他特别严重情节的。

在运送他人偷越国（边）境中造成被运送人重伤、死亡，或者以暴力、威胁方法抗拒检查的，处七年以上有期徒刑，并处罚金。

犯前两款罪，对被运送人有杀害、伤害、强奸、拐卖等犯罪行为，或者对检查人员有杀害、伤害等犯罪行为的，依照数罪并罚的规定处罚。

★ **第三百二十二条** 【偷越国（边）境罪】违反国（边）境管理法规，偷越国（边）境，情节严重的，处一年以下有期徒刑、拘役或者管制，并处罚金；为参加恐怖活动组织、接受恐怖活动培训或者实施恐怖活动，偷越国（边）境的，处一年以上三年以下有期徒刑，并处罚金。

疑难注释

　　本罪在主观方面是故意。过失不能构成本罪。即明知是国（边）境线却仍决意偷越的。如果行为人不明确或不知道是国（边）境界而误出或误入的，不能构成本罪。实施本罪的动机是多种多样的，有的是违反了纪律，为了逃避处分；有的是犯了罪，为逃避刑事处罚；有的是为了走私贩毒；等等。法律特别规定了为参加恐怖活动组织等动机。但对一般居民为了探亲访友、赶集、过境耕种或出国谋生，一般不宜以犯罪论处，可按我国出入境管理法规，给予一定的行政处罚。

　　第三百二十三条 　【破坏界碑、界桩罪】【破坏永久性测量标志罪】故意破坏国家边境的界碑、界桩或者永久性测量标志的，处三年以下有期徒刑或者拘役。

第四节　妨害文物管理罪

★　**第三百二十四条** 　【故意损毁文物罪】故意损毁国家保护的珍贵文物或者被确定为全国重点文物保护单位、省级文物保护单位的文物的，处三年以下有期徒刑或者拘役，并处或者单处罚金；情节严重的，处三年以上十年以下有期徒刑，并处罚金。

　　【故意损毁名胜古迹罪】故意损毁国家保护的名胜古迹，情节严重的，处五年以下有期徒刑或者拘役，并处或者单处罚金。

　　【过失损毁文物罪】过失损毁国家保护的珍贵文物或者被确定为全国重点文物保护单位、省级文物保护单位的文物，造成严重后果的，处三年以下有期徒刑或者拘役。

疑难注释

《文物保护法》第 2 条规定："文物受国家保护。本法所称文物，是指人类创造的或者与人类活动有关的，具有历史、艺术、科学价值的下列物质遗存：（一）古文化遗址、古墓葬、古建筑、石窟寺和古石刻、古壁画；（二）与重大历史事件、革命运动或者著名人物有关的以及具有重要纪念意义、教育意义或者史料价值的近代现代重要史迹、实物、代表性建筑；（三）历史上各时代珍贵的艺术品、工艺美术品；（四）历史上各时代重要的文献资料、手稿和图书资料等；（五）反映历史上各时代、各民族社会制度、社会生产、社会生活的代表性实物。文物认定的主体、标准和程序，由国务院规定并公布。具有科学价值的古脊椎动物化石和古人类化石同文物一样受国家保护。"《文物保护法》第 3 条规定："文物分为不可移动文物和可移动文物。古文化遗址、古墓葬、古建筑、石窟寺、古石刻、古壁画、近代现代重要史迹和代表性建筑等不可移动文物，分为文物保护单位和未核定公布为文物保护单位的不可移动文物（以下称未定级不可移动文物）；文物保护单位分为全国重点文物保护单位、省级文物保护单位，设区的市级、县级文物保护单位。历史上各时代重要实物、艺术品、工艺美术品、文献资料、手稿、图书资料、代表性实物等可移动文物，分为珍贵文物和一般文物；珍贵文物分为一级文物、二级文物、三级文物。"

★★ **第三百二十五条** 【非法向外国人出售、赠送珍贵文物罪】违反文物保护法规，将收藏的国家禁止出口的珍贵文物私自出售或者私自赠送给外国人的，处五年以下有期徒刑或者拘役，可以并处罚金。

单位犯前款罪的，对单位判处罚金，并对其直接负责的主管人员和其他直接责任人员，依照前款的规定处罚。

★★★ **第三百二十六条** 【倒卖文物罪】以牟利为目的，倒卖国家禁止经营的文物，情节严重的，处五年以下有期徒刑或者拘役，并处罚金；情节特别严重的，处五年以上十年以下有期徒刑，并处罚金。

单位犯前款罪的，对单位判处罚金，并对其直接负责的主管人员和其他直接责任人员，依照前款的规定处罚。

疑难注释

"情节严重"，是指倒卖三级文物的；交易数额在 5 万元以上的；其他情节严重的情形。"情节特别严重"，是指倒卖二级以上文物的；倒卖三级文物 5 件以上的；交易数额在 25 万元以上的；其他情节特别严重的情形。

★ **第三百二十七条** 【非法出售、私赠文物藏品罪】违反文物保护法规，国有博物馆、图书馆等单位将国家保护的文物藏品出售或者私自送给非国有单位或者个人的，对单位判处罚金，并对其直接负责的主管人员和其他直接责任人员，处三年以下有期徒刑或者拘役。

疑难注释

《文物保护法》第 60 条规定："禁止国有文物收藏单位将馆藏文物赠与、出租、出售或者抵押、质押给其他单位、个人。"本罪的犯罪对象是国有博物馆、图书馆等单位收藏的文物。属于哪一级文物，并不影响本罪的成立，只是量刑时考虑的情节因素。出售或者私自赠送文物的对方只能是中国国内的非国有单位或者中国公民，如是国有单位，则不构成本罪，亦不能是外国组织或者个人，依照《刑法》第325条规定，将收藏的国家禁止出口的珍贵文物私自出售或者私自赠送给外国人的，构成非法向外国人出售、赠送珍贵文物罪。

★★ **第三百二十八条** 【盗掘古文化遗址、古墓葬罪】盗掘具有历史、艺术、科学价值的古文化遗址、古墓葬的，处三年以上十年以下有期徒刑，并处罚金；情节较轻的，处三年以下有期徒刑、拘役或者管制，并处罚金；有下列情形之一的，处十年以上有期徒刑或者无期徒刑，并处罚金或者没收财产：

（一）盗掘确定为全国重点文物保护单位和省级文物保护单位的古文化遗址、古墓葬的；

（二）盗掘古文化遗址、古墓葬集团的首要分子；

（三）多次盗掘古文化遗址、古墓葬的；

（四）盗掘古文化遗址、古墓葬，并盗窃珍贵文物或者造成珍贵文物严重破坏的。

【盗掘古人类化石、古脊椎动物化石罪】盗掘国家保护的具有科学价值的古人类化石和古脊椎动物化石的，依照前款的规定处罚。

疑难注释

本罪属于行为犯。只要行为人实施了盗掘古文化遗址、古墓葬的行为就构成本罪。至于是否造成使古文化遗址、古墓葬受到严重破坏的结果，只对确定本罪适用的法定刑有意义。在实践中，虽然盗掘古文化遗址、古墓葬的行为一般都会对古文化遗址、古墓葬造成严重破坏，但也有些行为确未使古文化遗址、古墓葬受到严重破坏，对此不能认为不构成犯罪或只构成犯罪预备或犯罪未遂。

★　**第三百二十九条**　【抢夺、窃取国有档案罪】抢夺、窃取国家所有的档案的，处五年以下有期徒刑或者拘役。

【擅自出卖、转让国有档案罪】违反档案法的规定，擅自出卖、转让国家所有的档案，情节严重的，处三年以下有期徒刑或者拘役。

有前两款行为，同时又构成本法规定的其他犯罪的，依照处罚较重的规定定罪处罚。

第五节　危害公共卫生罪

★　**第三百三十条**　【妨害传染病防治罪】违反传染病防治法的规定，有下列情形之一，引起甲类传染病以及依法确定采取甲类传染病预防、控制措施的传染病传播或者有传播严重危险的，处三年以下有期徒刑或者拘役；后果特别严重的，处三年以上七年以下有期徒刑：

（一）供水单位供应的饮用水不符合国家规定的卫生标准的；

（二）拒绝按照疾病预防控制机构提出的卫生要求，对传染病病原体污染的污水、污物、场所和物品进行消毒处理的；

（三）准许或者纵容传染病病人、病原携带者和疑似传染病病人从事国务院卫生行政部门规定禁止从事的易使该传染病扩散的工作的；

（四）出售、运输疫区中被传染病病原体污染或者可能被传染病病原体污染的物品，未进行消毒处理的；

（五）拒绝执行县级以上人民政府、疾病预防控制机构依照传染病防治法提出的预防、控制措施的。

　　单位犯前款罪的，对单位判处罚金，并对其直接负责的主管人员和其他直接责任人员，依照前款的规定处罚。

　　甲类传染病的范围，依照《中华人民共和国传染病防治法》和国务院有关规定确定。

疑难注释

　　本罪的危害结果包括两种情形，其中，"引起传染病传播"属于实害结果，"有传播严重危险"则属于具体危险。由于是具体危险，意味着行为如果客观上没有传播严重危险，就不能构成本罪。从证明的角度出发，应将其理解为一种可反驳的事实推定，行为人违反《传染病防治法》的规定，实施了本条规定的行为，如不能反证具体危险不成立，就应当认为"有传播严重危险"。

　　第三百三十一条　【传染病菌种、毒种扩散罪】从事实验、保藏、携带、运输传染病菌种、毒种的人员，违反国务院卫生行政部门的有关规定，造成传染病菌种、毒种扩散，后果严重的，处三年以下有期徒刑或者拘役；后果特别严重的，处三年以上七年以下有期徒刑。

　　第三百三十二条　【妨害国境卫生检疫罪】违反国境卫生检疫规定，引起检疫传染病传播或者有传播严重危险的，处三年以下有期徒刑或者拘役，并处或者单处罚金。

　　单位犯前款罪的，对单位判处罚金，并对其直接负责的主管人员和其他直接责任人员，依照前款的规定处罚。

　　★★　**第三百三十三条**　【非法组织卖血罪】【强迫卖血罪】非法组织他人出卖血液的，处五年以下有期徒刑，并处罚金；以暴力、威胁方法强迫他人出卖血液的，处五年以上十年以下有期徒刑，并处罚金。

有前款行为，对他人造成伤害的，依照本法第二百三十四条的规定定罪处罚。

疑难注释

非法组织卖血罪与强迫卖血罪的界限。两罪在主体上都是一般主体，必须是年满16周岁的人才能构成；主观上都是出于故意，即明知自己行为的性质而仍然实施这种行为；客体上都直接侵犯了国家对献血工作的管理制度。但它们又有明显的不同：（1）客体不完全相同。非法组织卖血罪没有侵犯卖血者的人身权利；而强迫卖血罪则侵犯了卖血者的人身权利。（2）客观方面不同。非法组织卖血罪中的被组织者是自愿卖血的；而强迫卖血罪中的卖血者则是被迫的；前者表现为组织行为；而后者表现为以暴力、威胁方法强迫的行为。

★★　**第三百三十四条　【非法采集、供应血液、制作、供应血液制品罪】**非法采集、供应血液或者制作、供应血液制品，不符合国家规定的标准，足以危害人体健康的，处五年以下有期徒刑或者拘役，并处罚金；对人体健康造成严重危害的，处五年以上十年以下有期徒刑，并处罚金；造成特别严重后果的，处十年以上有期徒刑或者无期徒刑，并处罚金或者没收财产。

【采集、供应血液、制作、供应血液制品事故罪】经国家主管部门批准采集、供应血液或者制作、供应血液制品的部门，不依照规定进行检测或者违背其他操作规定，造成危害他人身体健康后果的，对单位判处罚金，并对其直接负责的主管人员和其他直接责任人员，处五年以下有期徒刑或者拘役。

疑难注释

对于非法采集、供应血液、制作、供应血液制品罪，区分罪与非罪的界限，关键是看采集、供应血液或者制作、供应血液制品的行为是否非法。非法包括两层含义：一是指违反国家的操作规程；二是指不具备采集、供应血液或者制作、供应血液制品的资格。如果系合法而为之则不构成犯罪；本罪是危险犯，只要采集、供应血液或者制作、供应血液制品足以危害人体健康的，即使尚未造成实际危害，也构成犯罪。如果行为人非法采集、供应血液或者制作、供应血液制品的行为不足以危害人体健康的，一般亦不构成犯罪；但情节较重的，则可以本罪未遂处理。

第三百三十四条之一　　**【非法采集人类遗传资源、走私人类遗传资源材料罪】**违反国家有关规定，非法采集我国人类遗传资源或者非法运送、邮寄、携带我国人类遗传资源材料出境，危害公众健康或者社会公共利益，情节严重的，处三年以下有期徒刑、拘役或者管制，并处或者单处罚金；情节特别严重的，处三年以上七年以下有期徒刑，并处罚金。

★★　**第三百三十五条**　　**【医疗事故罪】**医务人员由于严重不负责任，造成就诊人死亡或者严重损害就诊人身体健康的，处三年以下有期徒刑或者拘役。

疑难注释

1.本罪与一般医疗事故的界限。医务人员虽违反医疗规章制度，但并未造成病人重伤、死亡的后果，或者虽然发生了病人伤亡的严重后果，但并非由于医务人员严重不负责任，情节恶劣，即不符合法定条件，不能以犯罪论处。医疗过程中发生的差错，行为人在主观上有过失，客观上有违章行为，也发生了一定的损害结果，但是这种损害结果较为轻微，未达到就诊人死亡、残废或者功能障碍的程度，只是给就诊人造成一定的疼痛等不良后果，因此，不能构成医疗事故罪。

2. 本罪与意外医疗事故的界限。医疗过程中发生的意外事故，是指在诊疗护理工作中，由于病情或者病人的体质特殊而发生了医务人员难以预料和防范的不良后果，导致病人死亡、残疾或者功能障碍。由于这种严重后果的发生医务人员主观上没有过失，行为人也没有违反规章制度的行为，不良后果的发生是行为人无法预见和无法避免的，因而不构成医疗事故罪。

3. 本罪与医疗技术事故的界限。医疗技术事故，是指医务人员由于专业技术水平有限、医疗技术水平不高、缺乏经验以及技术和设备条件的限制而发生的导致病人器官功能障碍、残废、死亡等后果的诊疗护理事故。医疗技术事故不是因为医务人员责任心不强、违反规章制度造成的，行为人主观上没有过失，属技术过失而非责任问题。因而这种因技术水平不高等原因造成事故的，不构成医疗事故罪。在实践中，大多是技术因素和责任因素混杂，处理时应查清主要因素，按主要因素定性，将另一因素作为情节考虑。

★★ **第三百三十六条** 【非法行医罪】未取得医生执业资格的人非法行医，情节严重的，处三年以下有期徒刑、拘役或者管制，并处或者单处罚金；严重损害就诊人身体健康的，处三年以上十年以下有期徒刑，并处罚金；造成就诊人死亡的，处十年以上有期徒刑，并处罚金。

【非法进行节育手术罪】未取得医生执业资格的人擅自为他人

进行节育复通手术、假节育手术、终止妊娠手术或者摘取宫内节育器，情节严重的，处三年以下有期徒刑、拘役或者管制，并处或者单处罚金；严重损害就诊人身体健康的，处三年以上十年以下有期徒刑，并处罚金；造成就诊人死亡的，处十年以上有期徒刑，并处罚金。

疑难注释

　　1. 有医生执业资格的人在私人诊所或其他医院兼职，不构成本罪，造成就诊人员重伤、死亡的，可构成医疗事故罪。
　　2. 本罪是职业犯，要求行为人有反复、持续实施的意思。

★　　**第三百三十六条之一**　【非法植入基因编辑、克隆胚胎罪】将基因编辑、克隆的人类胚胎植入人体或者动物体内，或者将基因编辑、克隆的动物胚胎植入人体内，情节严重的，处三年以下有期徒刑或者拘役，并处罚金；情节特别严重的，处三年以上七年以下有期徒刑，并处罚金。

疑难注释

　　本罪的成立必须要有植入母体的行为，对于未以生殖为目的，没有将基因编辑的胚胎植入母体的，则不应成为刑法的评价对象。若行为人尚未将基因编辑、克隆的胚胎植入人体或动物体内，但有证据证明，是为了最终植入母体，不宜按犯罪处理，一方面并没有将基因编辑的胚胎植入母体的行为，并未产生实际危害结果，从保护科学研究的角度出发，给予行政处罚即可；另一方面，该行为尚未达到"情节严重"的入罪门槛。

　　　第三百三十七条　【妨害动植物防疫、检疫罪】违反有关动植物防疫、检疫的国家规定，引起重大动植物疫情的，或者有引起重大动植物疫情危险，情节严重的，处三年以下有期徒刑或者拘役，并处或者单处罚金。

单位犯前款罪的，对单位判处罚金，并对其直接负责的主管人员和其他直接责任人员，依照前款的规定处罚。

第六节　破坏环境资源保护罪

★　**第三百三十八条**　【污染环境罪】违反国家规定，排放、倾倒或者处置有放射性的废物、含传染病病原体的废物、有毒物质或者其他有害物质，严重污染环境的，处三年以下有期徒刑或者拘役，并处或者单处罚金；情节严重的，处三年以上七年以下有期徒刑，并处罚金；有下列情形之一的，处七年以上有期徒刑，并处罚金：

（一）在饮用水水源保护区、自然保护地核心保护区等依法确定的重点保护区域排放、倾倒、处置有放射性的废物、含传染病病原体的废物、有毒物质，情节特别严重的；

（二）向国家确定的重要江河、湖泊水域排放、倾倒、处置有放射性的废物、含传染病病原体的废物、有毒物质，情节特别严重的；

（三）致使大量永久基本农田基本功能丧失或者遭受永久性破坏的；

（四）致使多人重伤、严重疾病，或者致人严重残疾、死亡的。

有前款行为，同时构成其他犯罪的，依照处罚较重的规定定罪处罚。

疑难注释

本罪的主观方面是过失，即应当预见到排放、倾倒或处置有放射性的污染物、含传染病原体的废物、有毒物质或者其他有害物质，可能造成严重污染环境的结果，而由于疏忽大意没有预见，或者已经预见到这类倾倒、排放或处置行为可能严重污染环境，但抱着侥幸心理，认为可以避免的心理状态。但是应当指出，行为人对污染环境罪的主观上虽然是过失，但对违反国家有关环保规定处置有害物质的主观方面是故意。如果明知自己的倾倒或排放、处置行为会严重污染环境，而希望或者放任后果的发生，因而造成公私财产重大损失或者造成人身伤亡的严重后果的，由于其主观方面是故意，因而不能以本罪论处，而应以危害公共安全罪论处。

第三百三十九条 　【非法处置进口的固体废物罪】违反国家规定，将境外的固体废物进境倾倒、堆放、处置的，处五年以下有期徒刑或者拘役，并处罚金；造成重大环境污染事故，致使公私财产遭受重大损失或者严重危害人体健康的，处五年以上十年以下有期徒刑，并处罚金；后果特别严重的，处十年以上有期徒刑，并处罚金。

【擅自进口固体废物罪】未经国务院有关主管部门许可，擅自进口固体废物用作原料，造成重大环境污染事故，致使公私财产遭受重大损失或者严重危害人体健康的，处五年以下有期徒刑或者拘役，并处罚金；后果特别严重的，处五年以上十年以下有期徒刑，并处罚金。

以原料利用为名，进口不能用作原料的固体废物、液态废物和气态废物的，依照本法第一百五十二条第二款、第三款的规定定罪处罚。

★　**第三百四十条** 　【非法捕捞水产品罪】违反保护水产资源法

规，在禁渔区、禁渔期或者使用禁用的工具、方法捕捞水产品，情节严重的，处三年以下有期徒刑、拘役、管制或者罚金。

★★ **第三百四十一条　【危害珍贵、濒危野生动物罪】** 非法猎捕、杀害国家重点保护的珍贵、濒危野生动物的，或者非法收购、运输、出售国家重点保护的珍贵、濒危野生动物及其制品的，处五年以下有期徒刑或者拘役，并处罚金；情节严重的，处五年以上十年以下有期徒刑，并处罚金；情节特别严重的，处十年以上有期徒刑，并处罚金或者没收财产。

【非法狩猎罪】 违反狩猎法规，在禁猎区、禁猎期或者使用禁用的工具、方法进行狩猎，破坏野生动物资源，情节严重的，处三年以下有期徒刑、拘役、管制或者罚金。

【非法猎捕、收购、运输、出售陆生野生动物罪】 违反野生动物保护管理法规，以食用为目的非法猎捕、收购、运输、出售第一款规定以外的在野外环境自然生长繁殖的陆生野生动物，情节严重的，依照前款的规定处罚。

> **疑难注释**
>
> 　　对于合法捕捉、运输国家重点保护的珍贵、濒危野生动物的行为，不是犯罪；过失危害珍贵、濒危野生动物不应以犯罪论处；在实行紧急避险时杀死珍贵、濒危野生动物的，不构成犯罪。其关键在于上述行为人主观上没有犯罪的故意，而本罪在主观上的构成是故意。
>
> 　　如果在捕杀、收购、运输、出售行为实施过程中造成人身伤亡、森林火灾，以致单独构成他罪的，应依数罪并罚论处。

★ **第三百四十二条　【非法占用农用地罪】** 违反土地管理法规，非法占用耕地、林地等农用地，改变被占用土地用途，数量较大，造成耕地、林地等农用地大量毁坏的，处五年以下有期徒刑或者拘役，并处或者单处罚金。

疑难注释

　　本罪在主观方面必须出于故意，即明知为耕地、林地等农用地，也明知自己的行为在占用耕地、林地等农用地，并且已改变了所占用的耕地、林地等农用地的用途，即为了非农用地，必然或者可能造成这些耕地、林地等农用地毁坏，而仍决意实施，并且希望或者放任毁坏耕地、林地等农用地的结果发生。过失不能构成本罪。至于其动机，可多种多样，如盖房、出租、转赠他人等。动机如何，并不影响本罪的成立。

★　　**第三百四十二条之一** 　【破坏自然保护地罪】违反自然保护地管理法规，在国家公园、国家级自然保护区进行开垦、开发活动或者修建建筑物，造成严重后果或者有其他恶劣情节的，处五年以下有期徒刑或者拘役，并处或者单处罚金。

　　有前款行为，同时构成其他犯罪的，依照处罚较重的规定定罪处罚。

疑难注释

　　由于历史原因，现实中一些自然保护区内还有原住民生活，对于其为生活必需而进行的开发活动，不宜作为本罪处理。

★　　**第三百四十三条** 　【非法采矿罪】违反矿产资源法的规定，未取得采矿许可证擅自采矿，擅自进入国家规划矿区、对国民经济具有重要价值的矿区和他人矿区范围采矿，或者擅自开采国家规定实行保护性开采的特定矿种，情节严重的，处三年以下有期徒刑、拘役或者管制，并处或者单处罚金；情节特别严重的，处三年以上七年以下有期徒刑，并处罚金。

【破坏性采矿罪】违反矿产资源法的规定，采取破坏性的开采方法开采矿产资源，造成矿产资源严重破坏的，处五年以下有期徒刑或者拘役，并处罚金。

疑难注释

由于本罪是情节犯，构成本罪必须情节严重。因此，对危害情节轻微，社会危害不大，一般不以犯罪论处。对于情节较轻的，可按《矿产资源法》给予行政制裁。

第三百四十四条 【危害国家重点保护植物罪】违反国家规定，非法采伐、毁坏珍贵树木或者国家重点保护的其他植物的，或者非法收购、运输、加工、出售珍贵树木或者国家重点保护的其他植物及其制品的，处三年以下有期徒刑、拘役或者管制，并处罚金；情节严重的，处三年以上七年以下有期徒刑，并处罚金。

第三百四十四条之一 【非法引进、释放、丢弃外来入侵物种罪】违反国家规定，非法引进、释放或者丢弃外来入侵物种，情节严重的，处三年以下有期徒刑或者拘役，并处或者单处罚金。

★★ **第三百四十五条** 【盗伐林木罪】盗伐森林或者其他林木，数量较大的，处三年以下有期徒刑、拘役或者管制，并处或者单处罚金；数量巨大的，处三年以上七年以下有期徒刑，并处罚金；数量特别巨大的，处七年以上有期徒刑，并处罚金。

【滥伐林木罪】违反森林法的规定，滥伐森林或者其他林木，数量较大的，处三年以下有期徒刑、拘役或者管制，并处或者单处罚金；数量巨大的，处三年以上七年以下有期徒刑，并处罚金。

【非法收购、运输盗伐、滥伐的林木罪】非法收购、运输明知是盗伐、滥伐的林木，情节严重的，处三年以下有期徒刑、拘役或者管制，并处或者单处罚金；情节特别严重的，处三年以上七年以下有期徒刑，并处罚金。

盗伐、滥伐国家级自然保护区内的森林或者其他林木的，从重处罚。

疑难注释

1. 盗伐林木罪"数量较大"的认定：（1）立木蓄积 5 立方米以上的；（2）幼树 200 株以上的；（3）数量虽未分别达到第 1 项、第 2 项规定标准，但按相应比例折算合计达到有关标准的；（4）价值 2 万元以上的。

2. 滥伐林木罪"数量较大"的认定：（1）立木蓄积 20 立方米以上的；（2）幼树 1000 株以上的；（3）数量虽未分别达到第 1 项、第 2 项规定标准，但按相应比例折算合计达到有关标准的；（4）价值 5 万元以上的。

3. 下列两种行为构成盗窃罪：（1）偷砍他人房前屋后、自留地种植的零星树木，数额较大的；（2）非法实施采种、采脂、挖笋、掘根、剥树皮等行为，牟取经济利益数额较大的。

第三百四十六条 【单位犯破坏环境资源保护罪的处罚规定】单位犯本节第三百三十八条至第三百四十五条规定之罪的，对单位判处罚金，并对其直接负责的主管人员和其他直接责任人员，依照本节各该条的规定处罚。

第七节 走私、贩卖、运输、制造毒品罪

★★★ **第三百四十七条** 【走私、贩卖、运输、制造毒品罪】走

私、贩卖、运输、制造毒品，无论数量多少，都应当追究刑事责任，予以刑事处罚。

走私、贩卖、运输、制造毒品，有下列情形之一的，处十五年有期徒刑、无期徒刑或者死刑，并处没收财产：

（一）走私、贩卖、运输、制造鸦片一千克以上、海洛因或者甲基苯丙胺五十克以上或者其他毒品数量大的；

（二）走私、贩卖、运输、制造毒品集团的首要分子；

（三）武装掩护走私、贩卖、运输、制造毒品的；

（四）以暴力抗拒检查、拘留、逮捕，情节严重的；

（五）参与有组织的国际贩毒活动的。

走私、贩卖、运输、制造鸦片二百克以上不满一千克、海洛因或者甲基苯丙胺十克以上不满五十克或者其他毒品数量较大的，处七年以上有期徒刑，并处罚金。

走私、贩卖、运输、制造鸦片不满二百克、海洛因或者甲基苯丙胺不满十克或者其他少量毒品的，处三年以下有期徒刑、拘役或者管制，并处罚金；情节严重的，处三年以上七年以下有期徒刑，并处罚金。

单位犯第二款、第三款、第四款罪的，对单位判处罚金，并对其直接负责的主管人员和其他直接责任人员，依照各该款的规定处罚。

利用、教唆未成年人走私、贩卖、运输、制造毒品，或者向未成年人出售毒品的，从重处罚。

对多次走私、贩卖、运输、制造毒品，未经处理的，毒品数量累计计算。

疑难注释

本罪是选择性罪名，凡实施了走私、贩卖、运输、制造毒品行为之一的，即以该行为确定罪名。凡实施了其中两种以上行为的，如运输、贩卖毒品，可定为运输、贩卖毒品罪，不实行数罪并罚。运输、贩卖同一宗毒品的，毒品数量不重复计算；不是同一宗毒品的，毒品数量累计计算。居间介绍买卖毒品的，无论是否获利，均以贩卖毒品罪的共犯论处。走私毒品，又走私其他物品构成犯罪的，按走私毒品和构成的其他走私罪分别定罪，实行数罪并罚。对多次走私、贩卖、运输、制造毒品，未经处理的，毒品数量累计计算。所谓"未经处理"的，既包括未经刑罚处理，也包括未作行政处理。但对于犯罪已过追诉时效的，则毒品数量不再累计计算。已作过处理的，应视为已经结案。

★★ **第三百四十八条** 　【非法持有毒品罪】非法持有鸦片一千克以上、海洛因或者甲基苯丙胺五十克以上或者其他毒品数量大的，处七年以上有期徒刑或者无期徒刑，并处罚金；非法持有鸦片二百克以上不满一千克、海洛因或者甲基苯丙胺十克以上不满五十克或者其他毒品数量较大的，处三年以下有期徒刑、拘役或者管制，并处罚金；情节严重的，处三年以上七年以下有期徒刑，并处罚金。

疑难注释

所谓持有毒品，也就是行为人对毒品的事实上的支配。持有具体表现为占有、携带、藏有或者以其他方法持有支配毒品。持有不要求物理上的握有，不要求行为人时时刻刻将毒品握在手中、放在身上和装在口袋里，只要行为人认识到它的存在，能够对之进行管理或者支配，就是持有。持有时并不要求行为人对毒品具有所有权，所有权虽属他人，但事实上置于行为人支配之下时，行为人即持有毒品；行为人是否知道自己具有所有权、所有权人是谁，都不影响持有的成立。此外，持有并不要求直接持有，即介入第三者时，也不影响持有的成立。如行为人认为自己管理毒品不安全，将毒品委托给第三人保管时，行为人与第三者均持有该毒品。持有是一种持续行为，只有当毒品在一定时间内由行为人支配时，才构成持有，至于时间的长短，则并不影响持有的成立，只是一种量刑情节，但如果时间过短，不足以说明行为人事实上支配着毒品时，则不能认为是持有。

★★ 第三百四十九条　【包庇毒品犯罪分子罪】【窝藏、转移、隐瞒毒品、毒赃罪】 包庇走私、贩卖、运输、制造毒品的犯罪分子的，为犯罪分子窝藏、转移、隐瞒毒品或者犯罪所得的财物的，处三年以下有期徒刑、拘役或者管制；情节严重的，处三年以上十年以下有期徒刑。

【包庇毒品犯罪分子罪】 缉毒人员或者其他国家机关工作人员掩护、包庇走私、贩卖、运输、制造毒品的犯罪分子的，依照前款的规定从重处罚。

犯前两款罪，事先通谋的，以走私、贩卖、运输、制造毒品罪的共犯论处。

第三百五十条　【非法生产、买卖、运输制毒物品、走私制毒物品罪】 违反国家规定，非法生产、买卖、运输醋酸酐、乙醚、三氯甲烷或者其他用于制造毒品的原料、配剂，或者携带上述物品进出境，情节较重的，处三年以下有期徒刑、拘役或者管制，并处罚金；情节严重的，处三年以上七年以下有期徒刑，并处罚金；情节特别严重的，处七年以上有期徒刑，并处罚金或者没收财产。

明知他人制造毒品而为其生产、买卖、运输前款规定的物品的，以制造毒品罪的共犯论处。

单位犯前两款罪的，对单位判处罚金，并对其直接负责的主管人员和其他直接责任人员，依照前两款的规定处罚。

★ **第三百五十一条** 【非法种植毒品原植物罪】非法种植罂粟、大麻等毒品原植物的，一律强制铲除。有下列情形之一的，处五年以下有期徒刑、拘役或者管制，并处罚金：

（一）种植罂粟五百株以上不满三千株或者其他毒品原植物数量较大的；

（二）经公安机关处理后又种植的；

（三）抗拒铲除的。

非法种植罂粟三千株以上或者其他毒品原植物数量大的，处五年以上有期徒刑，并处罚金或者没收财产。

非法种植罂粟或者其他毒品原植物，在收获前自动铲除的，可以免除处罚。

疑难注释

> 经公安机关处理后又种植的，是指行为人在公安机关予以治安处罚或强制铲除后，又非法种植毒品原植物的，原则上都应以犯罪论处。如再次种植的数量很小，也可以不作为犯罪论处，在构成犯罪的情况下，对以前已作过行政处理的毒品原植物的株数不再累计计算。

第三百五十二条 【非法买卖、运输、携带、持有毒品原植物种子、幼苗罪】非法买卖、运输、携带、持有未经灭活的罂粟等毒品原植物种子或者幼苗，数量较大的，处三年以下有期徒刑、拘役或者管制，并处或者单处罚金。

★★ **第三百五十三条**　【引诱、教唆、欺骗他人吸毒罪】引诱、教唆、欺骗他人吸食、注射毒品的，处三年以下有期徒刑、拘役或者管制，并处罚金；情节严重的，处三年以上七年以下有期徒刑，并处罚金。

【强迫他人吸毒罪】强迫他人吸食、注射毒品的，处三年以上十年以下有期徒刑，并处罚金。

引诱、教唆、欺骗或者强迫未成年人吸食、注射毒品的，从重处罚。

疑难注释

如果行为人以单纯故意杀人或者伤害为目的而强迫他人吸毒，构成故意杀人罪或故意伤害罪，强迫他人吸毒仅是杀人或伤害的手段而已。如果行为人在强迫他人吸毒后，为灭口而杀人，这样行为人就有了两个犯罪故意，两个犯罪行为，符合两个犯罪构成，应以故意杀人罪与强迫他人吸毒罪实行数罪并罚。行为人强迫他人吸毒，采用暴力手段，如果致人轻伤的，按强迫他人吸毒罪从重处罚。如果使用暴力行为致人重伤或死亡，行为人对重伤或死亡采取的是一种故意放任的心理态度，应按故意杀人罪（故意伤害罪）从重处罚。如果行为人强迫他人吸毒后，由于毒量过大，致使被害人重伤或死亡，对被害人重伤或死亡，行为人是一种过失的心理态度，构成过失致人死亡罪或过失致人重伤罪与强迫他人吸毒罪的想象竞合犯，应择一重罪处罚。

★　**第三百五十四条**　【容留他人吸毒罪】容留他人吸食、注射毒品的，处三年以下有期徒刑、拘役或者管制，并处罚金。

第三百五十五条　【非法提供麻醉药品、精神药品罪】依法从事生产、运输、管理、使用国家管制的麻醉药品、精神药品的人员，违反国家规定，向吸食、注射毒品的人提供国家规定管制的能够使人形成瘾癖的麻醉药品、精神药品的，处三年以下有期徒刑或者拘役，并处罚金；情节严重的，处三年以上七年以下有期徒刑，并处罚金。向走私、贩卖毒品的犯罪分子或者以牟利为目的，向吸食、注射毒品的人提供国家规定管制的能够使人形成瘾癖的麻醉药品、精神药品的，依照本法第三百四十七条的规定定罪处罚。

单位犯前款罪的，对单位判处罚金，并对其直接负责的主管人员和其他直接责任人员，依照前款的规定处罚。

第三百五十五条之一　【妨害兴奋剂管理罪】引诱、教唆、欺骗运动员使用兴奋剂参加国内、国际重大体育竞赛，或者明知运动员参加上述竞赛而向其提供兴奋剂，情节严重的，处三年以下有期徒刑或者拘役，并处罚金。

组织、强迫运动员使用兴奋剂参加国内、国际重大体育竞赛的，依照前款的规定从重处罚。

第三百五十六条　【毒品犯罪的再犯】因走私、贩卖、运输、制造、非法持有毒品罪被判过刑，又犯本节规定之罪的，从重处罚。

第三百五十七条　【毒品犯罪及毒品数量的计算】本法所称的毒品，是指鸦片、海洛因、甲基苯丙胺（冰毒）、吗啡、大麻、可卡因以及国家规定管制的其他能够使人形成瘾癖的麻醉药品和精神药品。

毒品的数量以查证属实的走私、贩卖、运输、制造、非法持有毒品的数量计算，不以纯度折算。

第八节　组织、强迫、引诱、容留、介绍卖淫罪

★★ **第三百五十八条**　【组织卖淫罪】【强迫卖淫罪】组织、强

迫他人卖淫的，处五年以上十年以下有期徒刑，并处罚金；情节严重的，处十年以上有期徒刑或者无期徒刑，并处罚金或者没收财产。

组织、强迫未成年人卖淫的，依照前款的规定从重处罚。

犯前两款罪，并有杀害、伤害、强奸、绑架等犯罪行为的，依照数罪并罚的规定处罚。

★★【协助组织卖淫罪】为组织卖淫的人招募、运送人员或者有其他协助组织他人卖淫行为的，处五年以下有期徒刑，并处罚金；情节严重的，处五年以上十年以下有期徒刑，并处罚金。

疑难注释

根据本条规定，组织、强迫卖淫的过程中有强奸行为的，应以强奸罪和本条规定的罪名实行并罚。

★★ **第三百五十九条**　【引诱、容留、介绍卖淫罪】引诱、容留、介绍他人卖淫的，处五年以下有期徒刑、拘役或者管制，并处罚金；情节严重的，处五年以上有期徒刑，并处罚金。

【引诱幼女卖淫罪】引诱不满十四周岁的幼女卖淫的，处五年以上有期徒刑，并处罚金。

★ **第三百六十条**　【传播性病罪】明知自己患有梅毒、淋病等严重性病卖淫、嫖娼的，处五年以下有期徒刑、拘役或者管制，并处罚金。

★★ **第三百六十一条**　【其他入罪规定】旅馆业、饮食服务业、文化娱乐业、出租汽车业等单位的人员，利用本单位的条件，组织、强迫、引诱、容留、介绍他人卖淫的，依照本法第三百五十八条、第三百五十九条的规定定罪处罚。

前款所列单位的主要负责人，犯前款罪的，从重处罚。

★★ **第三百六十二条**　【包庇罪】旅馆业、饮食服务业、文化娱乐业、出租汽车业等单位的人员，在公安机关查处卖淫、嫖娼活动时，为违法犯罪分子通风报信，情节严重的，依照本法第三百一十条的规定定罪处罚。

第九节 制作、贩卖、传播淫秽物品罪

★★ **第三百六十三条** 【制作、复制、出版、贩卖、传播淫秽物品牟利罪】以牟利为目的，制作、复制、出版、贩卖、传播淫秽物品的，处三年以下有期徒刑、拘役或者管制，并处罚金；情节严重的，处三年以上十年以下有期徒刑，并处罚金；情节特别严重的，处十年以上有期徒刑或者无期徒刑，并处罚金或者没收财产。

【为他人提供书号出版淫秽书刊罪】为他人提供书号，出版淫秽书刊的，处三年以下有期徒刑、拘役或者管制，并处或者单处罚金；明知他人用于出版淫秽书刊而提供书号的，依照前款的规定处罚。

疑难注释

除了对以非法牟利动机传播淫秽物品的行为另行规定为犯罪以外，《刑法》对一般非牟利性的制作、复制淫秽物品行为未予以规定。也就是说，本罪的构成以具有牟利目的为条件。因为在这种情况下，制作、复制、出版、贩卖、传播淫秽物品的规模通常是比较大的，给社会造成的不良后果也比较严重。在实践中出现过有的人出于思想意识的堕落等原因制作一些淫秽的书画物品，收藏、阅读、观看甚至在小范围内传递淫秽物品，如果情节显著轻微危害不大的，不应以犯罪处理。

★★ **第三百六十四条** 【传播淫秽物品罪】传播淫秽的书刊、影

片、音像、图片或者其他淫秽物品，情节严重的，处二年以下有期徒刑、拘役或者管制。

【组织播放淫秽音像制品罪】组织播放淫秽的电影、录像等音像制品的，处三年以下有期徒刑、拘役或者管制，并处罚金；情节严重的，处三年以上十年以下有期徒刑，并处罚金。

制作、复制淫秽的电影、录像等音像制品组织播放的，依照第二款的规定从重处罚。

向不满十八周岁的未成年人传播淫秽物品的，从重处罚。

疑难注释

　　传播淫秽物品的行为对社会的危害，就在于使一定的社会成员接受不良信息，产生恶劣的社会影响。如果这种影响没有达到一定程度，传播淫秽物品的行为就没有造成严重的社会危害，不构成犯罪。判断这种严重的影响即危害后果的标准为：是否在较大范围内造成影响，即传播淫秽物品的对象是否是大量的；是否在较大的程度上造成了现实的影响后果，即传播淫秽物品的对象是否发生了思想意识和行为的恶性转变。本罪的社会危害性体现在淫秽物品在社会上传播，对社会道德风尚造成破坏。如果在亲友之间、家庭成员之间传看、传抄淫秽音像、书刊的，或者传播的范围较小，观看的人数较少的，不构成犯罪，可视情节轻重，给予批评教育或者治安处罚。

　　第三百六十五条　【组织淫秽表演罪】组织进行淫秽表演的，处三年以下有期徒刑、拘役或者管制，并处罚金；情节严重的，处三年以上十年以下有期徒刑，并处罚金。

　　第三百六十六条　【单位犯本节罪的处罚】单位犯本节第三百六十三条、第三百六十四条、第三百六十五条规定之罪的，对单位判处罚金，并对其直接负责的主管人员和其他直接责任人员，依照各该条的规定处罚。

第三百六十七条　【淫秽物品的界定】本法所称淫秽物品，是指具体描绘性行为或者露骨宣扬色情的诲淫性的书刊、影片、录像带、录音带、图片及其他淫秽物品。

有关人体生理、医学知识的科学著作不是淫秽物品。

包含有色情内容的有艺术价值的文学、艺术作品不视为淫秽物品。

第七章　危害国防利益罪

★　**第三百六十八条**　【**阻碍军人执行职务罪**】以暴力、威胁方法阻碍军人依法执行职务的，处三年以下有期徒刑、拘役、管制或者罚金。

【**阻碍军事行动罪**】故意阻碍武装部队军事行动，造成严重后果的，处五年以下有期徒刑或者拘役。

★　**第三百六十九条**　【**破坏武器装备、军事设施、军事通信罪**】破坏武器装备、军事设施、军事通信的，处三年以下有期徒刑、拘役或者管制；破坏重要武器装备、军事设施、军事通信的，处三年以上十年以下有期徒刑；情节特别严重的，处十年以上有期徒刑、无期徒刑或者死刑。

【**过失损坏武器装备、军事设施、军事通信罪**】过失犯前款罪，造成严重后果的，处三年以下有期徒刑或者拘役；造成特别严重后果的，处三年以上七年以下有期徒刑。

战时犯前两款罪的，从重处罚。

第三百七十条　【**故意提供不合格武器装备、军事设施罪**】明知是不合格的武器装备、军事设施而提供给武装部队的，处五年以下有期徒刑或者拘役；情节严重的，处五年以上十年以下有期徒刑；情节特别严重的，处十年以上有期徒刑、无期徒刑或者死刑。

【**过失提供不合格武器装备、军事设施罪**】过失犯前款罪，造成严重后果的，处三年以下有期徒刑或者拘役；造成特别严重后果的，处三年以上七年以下有期徒刑。

单位犯第一款罪的，对单位判处罚金，并对其直接负责的主管人员和其他直接责任人员，依照第一款的规定处罚。

第三百七十一条　【**聚众冲击军事禁区罪**】聚众冲击军事禁区，严重扰乱军事禁区秩序的，对首要分子，处五年以上十年以下有期徒刑；对其他积极参加的，处五年以下有期徒刑、拘役、管制或者剥夺政治权利。

【**聚众扰乱军事管理区秩序罪**】聚众扰乱军事管理区秩序，情节严重，致使军事管理区工作无法进行，造成严重损失的，对首要分子，处三年以上七年以下有期徒刑；对其他积极参加的，处三年以下有期徒刑、拘役、管制或者剥夺政治权利。

★ **第三百七十二条** 【**冒充军人招摇撞骗罪**】冒充军人招摇撞骗的，处三年以下有期徒刑、拘役、管制或者剥夺政治权利；情节严重的，处三年以上十年以下有期徒刑。

第三百七十三条 【**煽动军人逃离部队罪**】【**雇用逃离部队军人罪**】煽动军人逃离部队或者明知是逃离部队的军人而雇用，情节严重的，处三年以下有期徒刑、拘役或者管制。

第三百七十四条 【**接送不合格兵员罪**】在征兵工作中徇私舞弊，接送不合格兵员，情节严重的，处三年以下有期徒刑或者拘役；造成特别严重后果的，处三年以上七年以下有期徒刑。

★ **第三百七十五条** 【**伪造、变造、买卖武装部队公文、证件、印章罪**】【**盗窃、抢夺武装部队公文、证件、印章罪**】伪造、变造、买卖或者盗窃、抢夺武装部队公文、证件、印章的，处三年以下有期徒刑、拘役、管制或者剥夺政治权利；情节严重的，处三年以上十年以下有期徒刑。

【**非法生产、买卖武装部队制式服装罪**】非法生产、买卖武装部队制式服装，情节严重的，处三年以下有期徒刑、拘役或者管制，并处或者单处罚金。

【**伪造、盗窃、买卖、非法提供、非法使用武装部队专用标志罪**】伪造、盗窃、买卖或者非法提供、使用武装部队车辆号牌等专用标志，情节严重的，处三年以下有期徒刑、拘役或者管制，并处或者单处罚金；情节特别严重的，处三年以上七年以下有期徒刑，并处罚金。

单位犯第二款、第三款罪的，对单位判处罚金，并对其直接负责的主管人员和其他直接责任人员，依照各该款的规定处罚。

第三百七十六条 【战时拒绝、逃避征召、军事训练罪】预备役人员战时拒绝、逃避征召或者军事训练，情节严重的，处三年以下有期徒刑或者拘役。

【战时拒绝、逃避服役罪】公民战时拒绝、逃避服役，情节严重的，处二年以下有期徒刑或者拘役。

第三百七十七条 【战时故意提供虚假敌情罪】战时故意向武装部队提供虚假敌情，造成严重后果的，处三年以上十年以下有期徒刑；造成特别严重后果的，处十年以上有期徒刑或者无期徒刑。

第三百七十八条 【战时造谣扰乱军心罪】战时造谣惑众，扰乱军心的，处三年以下有期徒刑、拘役或者管制；情节严重的，处三年以上十年以下有期徒刑。

第三百七十九条 【战时窝藏逃离部队军人罪】战时明知是逃离部队的军人而为其提供隐蔽处所、财物，情节严重的，处三年以下有期徒刑或者拘役。

第三百八十条 【战时拒绝、故意延误军事订货罪】战时拒绝或者故意延误军事订货，情节严重的，对单位判处罚金，并对其直接负责的主管人员和其他直接责任人员，处五年以下有期徒刑或者拘役；造成严重后果的，处五年以上有期徒刑。

第三百八十一条 【战时拒绝军事征收、征用罪】战时拒绝军事征收、征用，情节严重的，处三年以下有期徒刑或者拘役。

第八章 贪污贿赂罪

★★★ **第三百八十二条** 【贪污罪】国家工作人员利用职务上的便利，侵吞、窃取、骗取或者以其他手段非法占有公共财物的，是贪污罪。

受国家机关、国有公司、企业、事业单位、人民团体委托管理、经营国有财产的人员，利用职务上的便利，侵吞、窃取、骗取或者以其他手段非法占有国有财物的，以贪污论。

与前两款所列人员勾结，伙同贪污的，以共犯论处。

疑难注释

1. 贪污数额在3万元以上不满20万元的，属于数额较大。

2. 贪污数额在20万元以上不满300万元的，属于数额巨大。

3. 贪污数额在300万元以上的，属于数额特别巨大。

第三百八十三条 【贪污罪的处罚】对犯贪污罪的，根据情节轻重，分别依照下列规定处罚：

（一）贪污数额较大或者有其他较重情节的，处三年以下有期徒刑或者拘役，并处罚金。

（二）贪污数额巨大或者有其他严重情节的，处三年以上十年以下有期徒刑，并处罚金或者没收财产。

（三）贪污数额特别巨大或者有其他特别严重情节的，处十年以上有期徒刑或者无期徒刑，并处罚金或者没收财产；数额特别巨大，并使国家和人民利益遭受特别重大损失的，处无期徒刑或者死刑，并处没收财产。

对多次贪污未经处理的，按照累计贪污数额处罚。

犯第一款罪，在提起公诉前如实供述自己罪行、真诚悔罪、积极退赃，避免、减少损害结果的发生，有第一项规定情形的，可以从轻、减轻或者免除处罚；有第二项、第三项规定情形的，可以从轻处罚。

犯第一款罪，有第三项规定情形被判处死刑缓期执行的，人民法院根据犯罪情节等情况可以同时决定在其死刑缓期执行二年期满依法减为无期徒刑后，终身监禁，不得减刑、假释。

疑难注释

1. 以下情形一般不适用缓刑或者免予刑事处罚：（1）不如实供述罪行的；（2）不予退缴赃款赃物或者将赃款赃物用于非法活动的；（3）属于共同犯罪中情节严重的主犯的；（4）犯有数个职务犯罪依法实行并罚或者以一罪处理的；（5）曾因职务违纪违法行为受过行政处分的；（6）犯罪涉及的财物属于救灾、抢险、防汛、优抚、扶贫、移民、救济、防疫等特定款物的；（7）其他不应适用缓刑、免予刑事处罚的情形。

对于具有以上情形之一，但根据全案事实和量刑情节，检察机关认为确有必要适用缓刑或者免予刑事处罚并据此提出量刑建议的，应经检察委员会讨论决定；审理法院认为确有必要适用缓刑或者免予刑事处罚的，应经审判委员会讨论决定。

2. 人民法院审理职务犯罪案件时应当分析影响性案件案发前后的社会反映，必要时可以征求案件查办等机关的意见。对于情节恶劣、社会反映强烈的职务犯罪案件，不得适用缓刑、免予刑事处罚。

可以适用缓刑或者免予刑事处罚不具有以上规定的情形，全部退缴赃款赃物，依法判处 3 年有期徒刑以下刑罚，符合《刑法》规定的缓刑适用条件的贪污犯罪分子，可以适用缓刑。

★★★ **第三百八十四条** 【挪用公款罪】国家工作人员利用职务上的便利，挪用公款归个人使用，进行非法活动的，或者挪用公款数额较大、进行营利活动的，或者挪用公款数额较大、超过三个月未还的，是挪用公款罪，处五年以下有期徒刑或者拘役；情节严重的，处五年以上有期徒刑。挪用公款数额巨大不退还的，处十年以上有期徒刑或者无期徒刑。

挪用用于救灾、抢险、防汛、优抚、扶贫、移民、救济款物归个人使用的，从重处罚。

疑难注释

1. 经单位领导集体研究决定将公款挪给个人使用，或者单位负责人为了单位的利益，决定将公款挪给个人使用的，不以挪用公款罪定罪处罚。上述行为致使单位遭受重大损失，构成其他犯罪的，依照刑法的有关规定对责任人员定罪处罚。

2. 要区分借用公款行为与挪用公款罪的界限。借用公款，是指按财务管理制度，经主管人员批准办理合法借款手续的行为。区分本罪与借用公款，关键看是否办理了合法的借款手续以及是否经过主管人员的同意；本人是主管人员的，应该经过集体研究。即使借用公款行为本身违反了财务管理制度的，也不能对行为人以本罪论处。但是，如果行为人本人是主管领导，违反有关规定，擅自决定将公款借给其他人使用，数额较大的，则构成挪用公款罪。

3. 行为人挪用公款的数额是定罪的重要标准。挪用公款归个人使用，"数额较大、进行营利活动的"或者"数额较大、超过 3 个月未还的"，以挪用公款 5 万元为"数额较大"的起点；"挪用公款归个人使用，进行非法活动的"，以挪用公款 3 万元为追究刑事责任的数额起点。

★★ 第三百八十五条　【受贿罪】 国家工作人员利用职务上的便利，索取他人财物的，或者非法收受他人财物，为他人谋取利益的，是受贿罪。

国家工作人员在经济往来中，违反国家规定，收受各种名义的回扣、手续费，归个人所有的，以受贿论处。

疑难注释

受贿罪的"利用职务上的便利"，既包括利用本人职务上主管、负责、承办某项公共事务的职权，也包括利用职务上有隶属、制约关系的其他国家工作人员的职权。

第三百八十六条　【受贿罪的处罚】 对犯受贿罪的，根据受贿所得数额及情节，依照本法第三百八十三条的规定处罚。索贿的从重处罚。

★ 第三百八十七条　【单位受贿罪】 国家机关、国有公司、企业、事业单位、人民团体，索取、非法收受他人财物，为他人谋取利益，情节严重的，对单位判处罚金，并对其直接负责的主管人员和其他直接责任人员，处三年以下有期徒刑或者拘役；情节特别严重的，处三年以上十年以下有期徒刑。

前款所列单位，在经济往来中，在帐外暗中收受各种名义的回扣、手续费的，以受贿论，依照前款的规定处罚。

疑难注释

1. 要区分合法收受的回扣、手续费与本罪的界限。在经济往来中，交易对方往往会给予国家机关、国有公司、企业、事业单位、人民团体回扣、手续费，如果有关款项进入单位的收支账目，成为经营的成本或者利润的组成部分，则不构成本罪；反之，如果有关单位在账外暗中收受回扣、手续费，则构成本罪。

2. 要区分本罪与单位之间资金赞助、拆借的界限：在实践中，由于单位领导之间相互熟悉、工作上具有较紧密的业务往来等原因，单位之间往往存在赞助以及拆借行为。这些行为往往违反了有关的财经法律，而且在不少情况下，赞助与被赞助单位之间、拆借与被拆借单位之间往往存在制约与被制约关系，也有可能构成本罪。实践中，区分本罪与赞助、拆借行为，主要考虑以下几个因素：（1）接受赞助单位、资金借入单位是否为提供赞助的单位、资金借出单位谋取了额外的利益；（2）接受赞助单位、资金借入单位是否利用单位的公权力，是否对有关单位有刁难、要挟等行为；（3）资金借入单位是不是有归还的能力及归还的意思。如果赞助、拆借行为完全出于双方自愿，提供赞助的单位、资金借出单位并未谋取额外的利益，受赞助单位、资金借入单位并未强拿硬要，资金借入单位也有归还借款，则不构成本罪。

第三百八十八条 【受贿罪】国家工作人员利用本人职权或者地位形成的便利条件，通过其他国家工作人员职务上的行为，为请托人谋取不正当利益，索取请托人财物或者收受请托人财物的，以受贿论处。

★★ **第三百八十八条之一** 【利用影响力受贿罪】国家工作人员的近亲属或者其他与该国家工作人员关系密切的人，通过该国家工作人员职务上的行为，或者利用该国家工作人员职权或者地位形成的便利条件，通过其他国家工作人员职务上的行为，为请托人谋取不正当利益，索取请托人财物或者收受请托人财物，数额较大或者有其他较重情节的，处三年以下有期徒刑或者拘役，并处罚金；数额巨大或者有其他严重情节的，处三年以上七年以下有期徒刑，并处罚金；数额特别巨大或者有其他特别严重情节的，处七年以上有期徒刑，并处罚金或者没收财产。

离职的国家工作人员或者其近亲属以及其他与其关系密切的人，利用该离职的国家工作人员原职权或者地位形成的便利条件实施前款行为的，依照前款的规定定罪处罚。

疑难注释

国家工作人员的近亲属或者其他与该国家工作人员关系密切的人，涉嫌通过该国家工作人员职务上的行为，或者利用该国家工作人员职权或者地位形成的便利条件，通过其他国家工作人员职务上的行为，为请托人谋取不正当利益，索取请托人财物或者收受请托人财物，数额较大或者有其他较重情节的，应予立案。

离职的国家工作人员或者其近亲属以及其他与其关系密切的人，涉嫌利用该离职的国家工作人员原职权或者地位形成的便利条件，通过其他国家工作人员职务上的行为，为请托人谋取不正当利益，索取请托人财物或者收受请托人财物，数额较大或者有其他较重情节的，应予立案。

★★ **第三百八十九条** 【行贿罪】为谋取不正当利益，给予国家工作人员以财物的，是行贿罪。

在经济往来中，违反国家规定，给予国家工作人员以财物，数额较大的，或者违反国家规定，给予国家工作人员以各种名义的回扣、手续费的，以行贿论处。

因被勒索给予国家工作人员以财物，没有获得不正当利益的，不是行贿。

疑难注释

1. 行为人主观上是否为谋取不正当利益以及客观上是否获得不正当利益。一般行贿罪要求行为人为谋取不正当利益。若行为人主观上是为了谋取正当利益，则不构成行贿罪。此外，虽然客观上行为人是否获得不正当利益一般不影响本罪的成立，但因被勒索给予国家工作人员以财物，没有获得不正当利益的，不构成行贿罪。

2. 要区分馈赠与行贿。馈赠是民事行为，不具有社会危害性。特别是在经济往来中，馈赠经常发生。区分二者，应当结合以下因素全面分析、综合判断：（1）发生财物往来的背景，如双方是否存在亲友关系及历史上交往的情形和程度；（2）往来财物的价值；（3）财物往来的缘由、时机和方式，提供财物方对于接受方有无职务上的请托；（4）接受方是否利用职务上的便利为提供方谋取利益。

3. 行贿与不当送礼行为的界限。区分二者的关键在于行为人主观上是否具有利用国家工作人员的职务行为以达到为自己谋取不正当利益的目的。不当送礼行为包括：其一，行为人给予国家工作人员以财物，以谋取某种正当利益。其二，行为人为答谢国家工作人员的帮助而给予其少量财物。其三，行为人因被勒索给予国家工作人员以财物，没有获得不正当利益。

第三百九十条 　**【行贿罪的处罚】**对犯行贿罪的，处三年以下有期徒刑或者拘役，并处罚金；因行贿谋取不正当利益，情节严重的，或者使国家利益遭受重大损失的，处三年以上十年以下有期徒刑，并处罚金；情节特别严重的，或者使国家利益遭受特别重大损失的，处十年以上有期徒刑或者无期徒刑，并处罚金或者没收财产。

有下列情形之一的，从重处罚：

（一）多次行贿或者向多人行贿的；

（二）国家工作人员行贿的；

（三）在国家重点工程、重大项目中行贿的；

（四）为谋取职务、职级晋升、调整行贿的；

（五）对监察、行政执法、司法工作人员行贿的；

（六）在生态环境、财政金融、安全生产、食品药品、防灾救灾、社会保障、教育、医疗等领域行贿，实施违法犯罪活动的；

（七）将违法所得用于行贿的。

行贿人在被追诉前主动交待行贿行为的，可以从轻或者减轻处罚。其中，犯罪较轻的，对调查突破、侦破重大案件起关键作用的，或者有重大立功表现的，可以减轻或者免除处罚。

疑难注释

《刑法修正案（十二）》修改完善了本条对于行贿罪的处罚规定。行贿罪的最高刑是无期徒刑，在法定刑上体现了严厉惩治。这次修改主要是将党中央确定要重点查处的行贿行为在立法上进一步加强惩治，增加一款规定：对多次行贿、向多人行贿，国家工作人员行贿等七类情形从重处罚。同时，调整行贿罪的起点刑和刑罚档次，与受贿罪相衔接。

★ **第三百九十条之一** 【对有影响力的人行贿罪】 为谋取不正当利益，向国家工作人员的近亲属或者其他与该国家工作人员关系密切的人，或者向离职的国家工作人员或者其近亲属以及其他与其关系密切的人行贿的，处三年以下有期徒刑或者拘役，并处罚金；情节严重的，或者使国家利益遭受重大损失的，处三年以上七年以下有期徒刑，并处罚金；情节特别严重的，或者使国家利益遭受特别重大损失的，处七年以上十年以下有期徒刑，并处罚金。

单位犯前款罪的，对单位判处罚金，并对其直接负责的主管人员和其他直接责任人员，处三年以下有期徒刑或者拘役，并处罚金。

疑难注释

自然人对有影响力的人行贿数额在 3 万元以上的，应当以对有影响力的人行贿罪追究刑事责任。行贿数额在 1 万元以上不满 3 万元，具有下列情形之一的，应当以对有影响力的人行贿罪追究刑事责任：（1）向 3 人以上行贿的；（2）将违法所得用于行贿的；（3）通过行贿谋取职务提拔、调整的；（4）向负有食品、药品、安全生产、环境保护等监督管理职责的国家工作人员行贿，实施非法活动的；（5）向司法工作人员行贿，影响司法公正的；（6）造成经济损失数额在 50 万元以上不满 100 万元的。

单位对有影响力的人行贿数额在 20 万元以上的，应当以对有影响力的人行贿罪追究刑事责任。

★ **第三百九十一条** 【对单位行贿罪】 为谋取不正当利益，给予国家机关、国有公司、企业、事业单位、人民团体以财物的，或者在经济往来中，违反国家规定，给予各种名义的回扣、手续费的，处三年以下有期徒刑或者拘役，并处罚金；情节严重的，处三年以上七年以下有期徒刑，并处罚金。

单位犯前款罪的，对单位判处罚金，并对其直接负责的主管人员和其他直接责任人员，依照前款的规定处罚。

疑难注释

行为人涉嫌对国家机关、国有公司、企业、事业单位、人民团体行贿，具有下列情形之一的，应予立案：

1. 个人行贿数额在 10 万元以上、单位行贿数额在 20 万元以上的。

2. 个人行贿数额不满 10 万元、单位行贿数额在 10 万元以上不满 20 万元，但具有下列情形之一的：（1）为谋取非法利益而行贿的；（2）向 3 个以上单位行贿的；（3）向党政机关、司法机关、行政执法机关行贿的；（4）致使国家或者社会利益遭受重大损失的。

★★ **第三百九十二条** 【介绍贿赂罪】向国家工作人员介绍贿赂，情节严重的，处三年以下有期徒刑或者拘役，并处罚金。

介绍贿赂人在被追诉前主动交待介绍贿赂行为的，可以减轻处罚或者免除处罚。

疑难注释

证明行为人介绍贿赂行为的具体证据包括：（1）证明介绍受贿的证据；（2）证明介绍行贿的证据；（3）证明在行贿人与受贿人之间沟通关系的证据；（4）证明在行贿人与受贿人之间撮合条件的证据；（5）证明介绍贿赂数额的证据；（6）证明 3 次以上或者为 3 人以上介绍贿赂的；（7）证

明向党政领导、司法工作人员、行政执法人员介绍贿赂的证据；（8）证明介绍贿赂行为致使国家或者社会利益遭受重大损失的证据。

★★ 第三百九十三条 【单位行贿罪】单位为谋取不正当利益而行贿，或者违反国家规定，给予国家工作人员以回扣、手续费，情节严重的，对单位判处罚金，并对其直接负责的主管人员和其他直接责任人员，处三年以下有期徒刑或者拘役，并处罚金；情节特别严重的，处三年以上十年以下有期徒刑，并处罚金。因行贿取得的违法所得归个人所有的，依照本法第三百八十九条、第三百九十条的规定定罪处罚。

疑难注释

本罪在主观方面表现为故意，是单位作为法人、集合体的决策和同意，即明知本单位的行贿行为会侵犯国有单位公务活动的廉洁性，但希望或放任这种结果发生。此外，本罪主观方面还包括为本单位谋取不正当利益的目的。"谋取不正当利益"，是指行贿人谋取的利益违反法律法规、规章、政策规定，或者要求国家工作人员违反法律法规、规章、政策、行业规范的规定，为自己提供帮助或者方便条件。违背公平、公正原则，在经济、组织人事管理等活动中，谋取竞争优势的，应当认定为"谋取不正当利益"。

第三百九十四条 【贪污罪】国家工作人员在国内公务活动或者对外交往中接受礼物，依照国家规定应当交公而不交公，数额较大的，依照本法第三百八十二条、第三百八十三条的规定定罪处罚。

★ **第三百九十五条** 【巨额财产来源不明罪】国家工作人员的财产、支出明显超过合法收入，差额巨大的，可以责令该国家工作人员说明来源，不能说明来源的，差额部分以非法所得论，处五年以下有期徒刑或者拘役；差额特别巨大的，处五年以上十年以下有期徒刑。财产的差额部分予以追缴。

【隐瞒境外存款罪】国家工作人员在境外的存款，应当依照国家规定申报。数额较大、隐瞒不报的，处二年以下有期徒刑或者拘役；情节较轻的，由其所在单位或者上级主管机关酌情给予行政处分。

疑难注释

实践中，在查处贪污、受贿等案件时，往往会查出除贪污、受贿财物外，行为人还有巨额财产来源不明。在这种情况下，如果行为人拒不说明其财产来源，构成本罪的，应当数罪并罚。此外，在查处巨额财产来源不明案时，如果查出原来"来源不明"的财产属于贪污或受贿所得，则针对这部分财产，应该以贪污罪或者受贿罪论处；对于其他财产，如果与合法收入差额巨大构成本罪的，则也应对行为人数罪并罚。

★ **第三百九十六条** 【私分国有资产罪】国家机关、国有公司、企业、事业单位、人民团体，违反国家规定，以单位名义将国有资产集体私分给个人，数额较大的，对其直接负责的主管人员和其他直接责任人员，处三年以下有期徒刑或者拘役，并处或者单处罚金；数额巨大的，处三年以上七年以下有期徒刑，并处罚金。

【私分罚没财物罪】司法机关、行政执法机关违反国家规定，将应当上缴国家的罚没财物，以单位名义集体私分给个人的，依照前款的规定处罚。

疑难注释

要划清正当发放奖金、福利等行为与私分国有资产罪的界限。国有单位可以用预算外资金发放奖金、津贴及其他福利支出。所谓预算外资金，是指国家机关（国家权力机关、国家行政机关、监察机关、审判机关和检察机关）、事业单位、社会团体、具有行政管理职能的企业主管部门（集团）和政府委托的其他机构，为履行或代行政府职能，依据国家法律法规和具有法律效力的规章而收取、提取、募集和安排使用，未纳入财政预算管理的各种财政性资金。

第九章 渎 职 罪

★★ **第三百九十七条** 【滥用职权罪】【玩忽职守罪】国家机关工作人员滥用职权或者玩忽职守，致使公共财产、国家和人民利益遭受重大损失的，处三年以下有期徒刑或者拘役；情节特别严重的，处三年以上七年以下有期徒刑。本法另有规定的，依照规定。

国家机关工作人员徇私舞弊，犯前款罪的，处五年以下有期徒刑或者拘役；情节特别严重的，处五年以上十年以下有期徒刑。本法另有规定的，依照规定。

> **疑难注释**
>
> 要注意区分滥用职权罪与其他滥用职权犯罪的界限。除本罪外，《刑法》分则第9章还规定其他一些滥用职权的犯罪行为。本条明文规定，"本法另有规定的，依照规定"。《最高人民法院、最高人民检察院关于办理渎职刑事案件适用法律若干问题的解释（一）》也进一步明确规定，国家机关工作人员实施滥用职权犯罪行为，触犯《刑法》分则第9章第398条至第419条规定的，依照该规定定罪处罚。国家机关工作人员滥用职权，因不具备徇私舞弊等情形，不符合《刑法》分则第9章第398条至第419条的规定，但依法构成第397条规定的犯罪的，以滥用职权罪定罪处罚。

★ **第三百九十八条** 【故意泄露国家秘密罪】【过失泄露国家秘密罪】国家机关工作人员违反保守国家秘密法的规定，故意或者过失泄露国家秘密，情节严重的，处三年以下有期徒刑或者拘役；情节特别严重的，处三年以上七年以下有期徒刑。

非国家机关工作人员犯前款罪的，依照前款的规定酌情处罚。

疑难注释

《保守国家秘密法》第13条规定："下列涉及国家安全和利益的事项，泄露后可能损害国家在政治、经济、国防、外交等领域的安全和利益的，应当确定为国家秘密：（一）国家事务重大决策中的秘密事项；（二）国防建设和武装力量活动中的秘密事项；（三）外交和外事活动中的秘密事项以及对外承担保密义务的秘密事项；（四）国民经济和社会发展中的秘密事项；（五）科学技术中的秘密事项；（六）维护国家安全活动和追查刑事犯罪中的秘密事项；（七）经国家保密行政管理部门确定的其他秘密事项。政党的秘密事项中符合前款规定的，属于国家秘密。"

故意泄露国家秘密，"情节严重"是指有下列情形之一的：（1）泄露绝密级国家秘密1项（件）以上的；（2）泄露机密级国家秘密2项（件）以上的；（3）泄露秘密级国家秘密3项（件）以上的；（4）向非境外机构、组织、人员泄露国家秘密，造成或者可能造成危害社会稳定、经济发展或者其他严重危害后果的；（5）通过口头、书面或者网络等方式向公众散布、传播国家秘密的；（6）利用职权指使或者强迫他人违反国家保守秘密法的规定泄露国家秘密的；（7）以牟取私利为目的泄露国家秘密的；（8）其他情节严重的情形。

过失泄露国家秘密，"情节严重"是指有下列情形之一的：（1）泄露绝密级国家秘密1项（件）以上的；（2）泄露机密级国家秘密3项（件）以上的；（3）泄露秘密级国家秘密4项（件）以上的；（4）违反保密规定，将涉及国家秘密的计算机或者计算机信息系统与互联网相连接，泄露国家秘密的；（5）泄露国家秘密或者遗失国家秘密载体，隐瞒不报、不如实提供有关情况或者不采取补救措施的；（6）其他情节严重的情形。

★★　**第三百九十九条**　【**徇私枉法罪**】司法工作人员徇私枉法、徇情枉法，对明知是无罪的人而使他受追诉、对明知是有罪的人而故意包庇不使他受追诉，或者在刑事审判活动中故意违背事实和法律作枉法裁判的，处五年以下有期徒刑或者拘役；情节严重的，处五年以上十年以下有期徒刑；情节特别严重的，处十年以上有期徒刑。

【**民事、行政枉法裁判罪**】在民事、行政审判活动中故意违背事实和法律作枉法裁判，情节严重的，处五年以下有期徒刑或者拘役；情节特别严重的，处五年以上十年以下有期徒刑。

【**执行判决、裁定失职罪**】【**执行判决、裁定滥用职权罪**】在执行判决、裁定活动中，严重不负责任或者滥用职权，不依法采取诉讼保全措施、不履行法定执行职责，或者违法采取诉讼保全措施、强制执行措施，致使当事人或者其他人的利益遭受重大损失的，处五年以下有期徒刑或者拘役；致使当事人或者其他人的利益遭受特别重大损失的，处五年以上十年以下有期徒刑。

司法工作人员收受贿赂，有前三款行为的，同时又构成本法第三百八十五条规定之罪的，依照处罚较重的规定定罪处罚。

疑难注释

实践中，行为人往往是受贿后才犯徇私枉法罪的。在这种情况下，行为人实施了两个行为，构成徇私枉法罪与受贿罪两罪。但由于这种情形属于理论上的牵连犯，且根据《刑法》第399条第4款的规定，对行为人不数罪并罚，依照其中处罚较重的规定定罪处罚。

★　**第三百九十九条之一**　【**枉法仲裁罪**】依法承担仲裁职责的人员，在仲裁活动中故意违背事实和法律作枉法裁决，情节严重的，处三年以下有期徒刑或者拘役；情节特别严重的，处三年以上七年以下有期徒刑。

> **疑难注释**
>
> 《仲裁法》第58条规定："当事人提出证据证明裁决有下列情形之一的，可以向仲裁委员会所在地的中级人民法院申请撤销裁决：（一）没有仲裁协议的；（二）裁决的事项不属于仲裁协议的范围或者仲裁委员会无权仲裁的；（三）仲裁庭的组成或者仲裁的程序违反法定程序的；（四）裁决所根据的证据是伪造的；（五）对方当事人隐瞒了足以影响公正裁决的证据的；（六）仲裁员在仲裁该案时有索贿受贿，徇私舞弊，枉法裁决行为的。人民法院经组成合议庭审查核实裁决有前款规定情形之一的，应当裁定撤销。人民法院认定该裁决违背社会公共利益的，应当裁定撤销。"

★★ **第四百条** 【私放在押人员罪】司法工作人员私放在押的犯罪嫌疑人、被告人或者罪犯的，处五年以下有期徒刑或者拘役；情节严重的，处五年以上十年以下有期徒刑；情节特别严重的，处十年以上有期徒刑。

【失职致使在押人员脱逃罪】司法工作人员由于严重不负责任，致使在押的犯罪嫌疑人、被告人或者罪犯脱逃，造成严重后果的，处三年以下有期徒刑或者拘役；造成特别严重后果的，处三年以上十年以下有期徒刑。

> **疑难注释**
>
> 本罪的既遂标准是被私放的人员脱离了监管机关和监管人员的控制。但在司法实践中，应该结合个案作具体的判断：（1）押解途中私放在押人员的，如果被私放者已经逃离至不能被及时抓获的地方，则构成本罪的既遂；但如果被私

放者虽然已经逃离但未来得及走远就被及时抓获，构成本罪的未遂。（2）在设置警戒线的场所私放在押人员的，被私放者超越警戒线的，行为人构成本罪的既遂；在押人员虽已逃离但没超越警戒线就被抓获的，行为人构成本罪的未遂。（3）在没有设置警戒线的场所私放在押人员的，若在押人员已经实际脱离监管人员控制范围的，行为人构成本罪的既遂。

★　**第四百零一条　【徇私舞弊减刑、假释、暂予监外执行罪】**司法工作人员徇私舞弊，对不符合减刑、假释、暂予监外执行条件的罪犯，予以减刑、假释或者暂予监外执行的，处三年以下有期徒刑或者拘役；情节严重的，处三年以上七年以下有期徒刑。

疑难注释

"徇私舞弊"，是指国家机关工作人员为徇私情、私利，故意违背事实和法律，伪造材料，隐瞒情况，弄虚作假的行为。行为人的行为方式可以有多种，包括：（1）刑罚执行机关的工作人员对不符合减刑、假释、暂予监外执行条件的罪犯，捏造事实，伪造材料，违法报请减刑、假释、暂予监外执行的；（2）审判人员对不符合减刑、假释、暂予监外执行条件的罪犯，徇私舞弊，违法裁定减刑、假释或者违法决定暂予监外执行的；（3）监狱管理机关、公安机关的工作人员对不符合暂予监外执行条件的罪犯，徇私舞弊，违法批准暂予监外执行的；（4）不具有报请、裁定、决定或者批准减刑、假释、暂予监外执行权的司法工作人员利用职务上的便利，伪造有关材料，导致不符合减刑、假释、暂予监外执行条件的罪犯被减刑、假释、暂予监外执行的；（5）其他徇私舞弊减刑、假释、暂予监外执行的行为，如超过减刑的法定幅度予以减刑的，缩短法定的间隔时间予以减刑的。

★★ **第四百零二条** 【徇私舞弊不移交刑事案件罪】行政执法人员徇私舞弊，对依法应当移交司法机关追究刑事责任的不移交，情节严重的，处三年以下有期徒刑或者拘役；造成严重后果的，处三年以上七年以下有期徒刑。

疑难注释

本罪是纯正的身份犯，主体是行政执法人员，即在具有行政执法权的行政机关中从事公务的人员，如市场监督管理、税务等机关的工作人员。

★ **第四百零三条** 【滥用管理公司、证券职权罪】国家有关主管部门的国家机关工作人员，徇私舞弊，滥用职权，对不符合法律规定条件的公司设立、登记申请或者股票、债券发行、上市申请，予以批准或者登记，致使公共财产、国家和人民利益遭受重大损失的，处五年以下有期徒刑或者拘役。

上级部门强令登记机关及其工作人员实施前款行为的，对其直接负责的主管人员，依照前款的规定处罚。

疑难注释

本条第 2 款规定的是上级部门所实施的单位犯罪，如果上级部门的主管人员以个人名义，强令登记机关及其工作人员实施本条第 1 款的行为时，不适用本条第 2 款，而应该适用本条第 1 款，以本罪的共犯论处。

★★　**第四百零四条**　【**徇私舞弊不征、少征税款罪**】税务机关的工作人员徇私舞弊，不征或者少征应征税款，致使国家税收遭受重大损失的，处五年以下有期徒刑或者拘役；造成特别重大损失的，处五年以上有期徒刑。

> **疑难注释**
>
> 　　重大损失，是指具有下列情形之一的：（1）徇私舞弊不征、少征应征税款，致使国家税收损失累计达 10 万元以上的；（2）上级主管部门工作人员指使税务机关工作人员徇私舞弊不征、少征应征税款，致使国家税收损失累计达 10 万元以上的；（3）徇私舞弊不征、少征应征税款不满 10 万元，但具有索取或者收受贿赂或者其他恶劣情节的；（4）其他致使国家税收遭受重大损失的情形。

★　**第四百零五条**　【**徇私舞弊发售发票、抵扣税款、出口退税罪**】税务机关的工作人员违反法律、行政法规的规定，在办理发售发票、抵扣税款、出口退税工作中，徇私舞弊，致使国家利益遭受重大损失的，处五年以下有期徒刑或者拘役；致使国家利益遭受特别重大损失的，处五年以上有期徒刑。

【**违法提供出口退税凭证罪**】其他国家机关工作人员违反国家规定，在提供出口货物报关单、出口收汇核销单等出口退税凭证的工作中，徇私舞弊，致使国家利益遭受重大损失的，依照前款的规定处罚。

> **疑难注释**
>
> 　　徇私舞弊发售发票、抵扣税款、出口退税罪中，重大损失是指具有以下情形之一的：（1）徇私舞弊，致使国家税收损失累计达 10 万元以上的；（2）徇私舞弊，致使国家税收损

失累计不满 10 万元，但发售增值税专用发票 25 份以上或者其他发票 50 份以上或者增值税专用发票与其他发票合计 50 份以上，或者具有索取、收受贿赂或者其他恶劣情节的；(3) 其他致使国家利益遭受重大损失的情形。

违法提供出口退税凭证罪中，重大损失是指以下情形之一的：(1) 徇私舞弊，致使国家税收损失累计达 10 万元以上的；(2) 徇私舞弊，致使国家税收损失累计不满 10 万元，但具有索取、收受贿赂或者其他恶劣情节的；(3) 其他致使国家利益遭受重大损失的情形。

★ **第四百零六条** 【国家机关工作人员签订、履行合同失职被骗罪】国家机关工作人员在签订、履行合同过程中，因严重不负责任被诈骗，致使国家利益遭受重大损失的，处三年以下有期徒刑或者拘役；致使国家利益遭受特别重大损失的，处三年以上七年以下有期徒刑。

疑难注释

重大损失，具体是指具有以下情形之一的：(1) 直接经济损失 30 万元以上；(2) 直接经济损失不满 30 万元，但间接经济损失 150 万元以上的；(3) 其他致使国家利益遭受重大损失的情形。其中，"直接经济损失"，是指与行为有直接因果关系而造成的财产损毁、减少的实际价值；"间接经济损失"，是指由直接经济损失引起和牵连的其他损失，包括失去的在正常情况下可以获得的利益和为恢复正常的管理活动或者挽回所造成的损失所支付的各种开支、费用等。有下列情形之一的，虽然有债权存在，但已无法实现债权的，可以认定为已经造成了经济损失：（1）债务人已经法定程序被宣告破产，且无法清偿债务；（2）债务人潜逃，去向不明；（3）因行为人责任，致使超过诉讼时效；（4）有证据证明债权无法实现的其他情况。直接经济损失和间接经济损失，是指立案时确已造成的经济损失。移送审查起诉前，犯罪嫌疑人及其亲友自行挽回的经济损失，以及由司法机关或者犯罪嫌疑人所在单位及其上级主管部门挽回的经济损失，不予扣减，但可作为对犯罪嫌疑人从轻处理的情节考虑。

★　**第四百零七条**　【**违法发放林木采伐许可证罪**】林业主管部门的工作人员违反森林法的规定，超过批准的年采伐限额发放林木采伐许可证或者违反规定滥发林木采伐许可证，情节严重，致使森林遭受严重破坏的，处三年以下有期徒刑或者拘役。

疑难注释

　　情节严重，是指具有下列情形之一的：（1）发放林木采伐许可证允许采伐数量累计超过批准的年采伐限额，导致林木被超限额采伐 10 立方米以上的；（2）滥发林木采伐许可证，导致林木被滥伐 20 立方米以上，或者导致幼树被滥伐 1000 株以上的；（3）滥发林木采伐许可证，导致防护林、特种用途林被滥伐 5 立方米以上，或者幼树被滥伐 200 株以上的；（4）滥发林木采伐许可证，导致珍贵树木或者国家重点保护的其他树木被滥伐的；（5）滥发林木采伐许可证，导致国家禁止采伐的林木被采伐的；（6）其他情节严重，致使森林遭受严重破坏的情形。

★　**第四百零八条**　【**环境监管失职罪**】负有环境保护监督管理

职责的国家机关工作人员严重不负责任，导致发生重大环境污染事故，致使公私财产遭受重大损失或者造成人身伤亡的严重后果的，处三年以下有期徒刑或者拘役。

疑难注释

　　本罪在主观方面表现为过失，即应当预见自己严重不负责任可能导致发生重大污染事故，因为疏忽大意而未能预见，或者已经预见而轻信能够避免。

★　**第四百零八条之一**　【食品、药品监管渎职罪】负有食品药品安全监督管理职责的国家机关工作人员，滥用职权或者玩忽职守，有下列情形之一，造成严重后果或者有其他严重情节的，处五年以下有期徒刑或者拘役；造成特别严重后果或者有其他特别严重情节的，处五年以上十年以下有期徒刑：

　　（一）瞒报、谎报食品安全事故、药品安全事件的；

　　（二）对发现的严重食品药品安全违法行为未按规定查处的；

　　（三）在药品和特殊食品审批审评过程中，对不符合条件的申请准予许可的；

　　（四）依法应当移交司法机关追究刑事责任不移交的；

　　（五）有其他滥用职权或者玩忽职守行为的。

　　徇私舞弊犯前款罪的，从重处罚。

疑难注释

　　本罪在罪状表述中既包括滥用职权也包括玩忽职守。关于本罪的罪过形式，既可以是故意，也可以是过失。具体而言，行为人对于滥用职权或者不依法履行职权可以有明确的认识或者因为疏忽大意而没有认识到，但是对于危害结果的发生，行为人主观上持排斥的心理态度。不过，如果有证据表明行为人不仅对其违反或者超越法律规定的权限和程序而滥用权力，或者不依法履行职权存在明知，而且积极追求或者放任危害结果的发生，则可以进一步确定其存在犯罪的主观故意。但同时也要注意，此种情形下，行为人与实施食品、药品安全违法犯罪的行为人是否存在主观上的意思联络，进而可考虑按照危害食品、药品安全犯罪的共犯处理。

★　**第四百零九条**　【传染病防治失职罪】从事传染病防治的政府卫生行政部门的工作人员严重不负责任，导致传染病传播或者流行，情节严重的，处三年以下有期徒刑或者拘役。

疑难注释

本罪是纯正的身份犯，主体是从事传染病防治的政府卫生行政部门（各级卫生健康部门）的工作人员。在预防、控制突发传染病疫情等灾害期间，除从事传染病防治的政府卫生行政部门的工作人员外，以下两类人员在代表政府卫生行政部门行使职权时，可以成为本罪的主体：（1）在受政府卫生行政部门委托代表政府卫生行政部门行使职权的组织中从事公务的人员；（2）虽未列入政府卫生行政部门人员编制但在政府卫生行政部门从事公务的人员。

★　**第四百一十条**　【非法批准征收、征用、占用土地罪】【非法低价出让国有土地使用权罪】国家机关工作人员徇私舞弊，违反土地管理法规，滥用职权，非法批准征收、征用、占用土地，或者非法低价出让国有土地使用权，情节严重的，处三年以下有期徒刑或者拘役；致使国家或者集体利益遭受特别重大损失的，处三年以上七年以下有期徒刑。

疑难注释

　　本罪与非法转让、倒卖土地使用权罪的界限。根据《刑法》第228条的规定，非法转让、倒卖土地使用权罪是指以牟利为目的，违反土地管理法规，非法转让、倒卖土地使用权，情节严重的行为。本罪与非法转让、倒卖土地使用权罪都是违反国家的土地管理法规，有关土地所有权、使用权的犯罪，而且都是故意犯罪。二者的区别在于：(1) 犯罪客体不同。本罪侵犯的客体是国家土地管理制度；非法转让、倒卖土地使用权罪侵犯的客体是国家对土地使用权合法转让的管理制度。(2) 客观方面不同。本罪客观方面表现为违反土地管理法规，滥用职权，非法批准征收、征用、占用土地，情节严重的行为；而非法转让、倒卖土地使用权罪则表现为实施了非法转让、倒卖土地使用权的行为。(3) 犯罪主体不同。本罪是身份犯，主体是国家机关工作人员；非法转让、倒卖土地使用权罪的主体是一般主体。

★　　**第四百一十一条　【放纵走私罪】**海关工作人员徇私舞弊，放纵走私，情节严重的，处五年以下有期徒刑或者拘役；情节特别严重的，处五年以上有期徒刑。

疑难注释

　　应当注意海关工作人员与走私罪的犯罪分子通谋的情况下，如何追究共同犯罪刑事责任的问题。放纵走私行为，一般是消极的不作为。如果海关工作人员与走私分子通谋，在放纵走私过程中以积极的行为配合走私分子逃避海关监管或者在放纵走私之后分得赃款的，应以共同走私犯罪追究刑事责任。

★ **第四百一十二条** 【商检徇私舞弊罪】国家商检部门、商检机构的工作人员徇私舞弊，伪造检验结果的，处五年以下有期徒刑或者拘役；造成严重后果的，处五年以上十年以下有期徒刑。

【商检失职罪】前款所列人员严重不负责任，对应当检验的物品不检验，或者延误检验出证、错误出证，致使国家利益遭受重大损失的，处三年以下有期徒刑或者拘役。

> **疑难注释**
>
> 商检徇私舞弊罪在客观方面表现为行为人在商检工作中徇私舞弊，伪造商检结果的行为。"徇私舞弊"，是指行为人为徇私情、私利，故意违背事实和法律，伪造材料，隐瞒情况，弄虚作假的行为。具体而言，本罪的徇私舞弊行为表现为"伪造检验结果"。所谓"伪造检验结果"，是指具有下列情形之一的：（1）采取伪造、变造的手段对报检的商品的单证、印章、标志、封识、质量认证标志等作虚假的证明或者出具不真实的证明结论的；（2）将送检的合格商品检验为不合格，或者将不合格商品检验为合格的；（3）对明知是不合格的商品，不检验而出具合格检验结果的；（4）其他伪造检验结果应予追究刑事责任的情形。

第四百一十三条 【动植物检疫徇私舞弊罪】动植物检疫机关的检疫人员徇私舞弊，伪造检疫结果的，处五年以下有期徒刑或者拘役；造成严重后果的，处五年以上十年以下有期徒刑。

【动植物检疫失职罪】前款所列人员严重不负责任，对应当检疫的检疫物不检疫，或者延误检疫出证、错误出证，致使国家利益遭受重大损失的，处三年以下有期徒刑或者拘役。

第四百一十四条 【放纵制售伪劣商品犯罪行为罪】对生产、销售伪劣商品犯罪行为负有追究责任的国家机关工作人员，徇私舞弊，不履行法律规定的追究职责，情节严重的，处五年以下有期徒刑或者拘役。

第四百一十五条 【办理偷越国（边）境人员出入境证件罪】【放行偷越国（边）境人员罪】负责办理护照、签证以及其他出入境证件的国家机关工作人员，对明知是企图偷越国（边）境的人员，予以办理出入境证件的，或者边防、海关等国家机关工作人员，对明知是偷越国（边）境的人员，予以放行的，处三年以下有期徒刑或者拘役；情节严重的，处三年以上七年以下有期徒刑。

★ **第四百一十六条** 【不解救被拐卖、绑架妇女、儿童罪】对被拐卖、绑架的妇女、儿童负有解救职责的国家机关工作人员，接到被拐卖、绑架的妇女、儿童及其家属的解救要求或者接到其他人的举报，而对被拐卖、绑架的妇女、儿童不进行解救，造成严重后果的，处五年以下有期徒刑或者拘役。

【阻碍解救被拐卖、绑架妇女、儿童罪】负有解救职责的国家机关工作人员利用职务阻碍解救的，处二年以上七年以下有期徒刑；情节较轻的，处二年以下有期徒刑或者拘役。

疑难注释

不解救被拐卖、绑架妇女、儿童造成的"严重后果"，是指以下情形之一：（1）被拐卖、绑架的妇女、儿童或者其家属重伤、死亡或者精神失常的；（2）被拐卖、绑架的妇女、儿童被转移、隐匿、转卖，不能及时进行解救的；（3）对被拐卖、绑架的妇女、儿童不进行解救3人次以上的；（4）对被拐卖、绑架的妇女、儿童不进行解救，造成恶劣社会影响的；（5）其他严重后果。

★ **第四百一十七条** 【帮助犯罪分子逃避处罚罪】有查禁犯罪活动职责的国家机关工作人员，向犯罪分子通风报信、提供便利，帮助犯罪分子逃避处罚的，处三年以下有期徒刑或者拘役；情节严重的，处三年以上十年以下有期徒刑。

疑难注释

　　本罪是渎职犯罪，因此行为人实施上述行为必须与其查禁犯罪活动的职责相关联，否则只能认定行为人构成窝藏、包庇罪等犯罪。但要注意的是，"与行为人的职责相关联"，并不仅仅指"利用职务便利"。一般而言，行为人向犯罪分子通风报信的常常会利用其职务便利；但是，行为人为犯罪分子提供便利，如提供钱物、交通工具、通信设备、隐藏处所等，一般没有利用其职务便利，但是上述行为必须与行为人的职责相关联，即属于违反其职责要求所实施的行为，否则不构成本罪。

★　**第四百一十八条**　【招收公务员、学生徇私舞弊罪】国家机关工作人员在招收公务员、学生工作中徇私舞弊，情节严重的，处三年以下有期徒刑或者拘役。

疑难注释

　　所谓情节严重，是指具有下列情形之一的：（1）徇私舞弊，利用职务便利，伪造、变造人事、户口档案、考试成绩或者其他影响招收工作的有关资料，或者明知是伪造、变造的上述材料而予以认可的；（2）徇私舞弊，利用职务便利，帮助5名以上考生作弊的；（3）徇私舞弊招收不合格的公务员、学生3人次以上的；（4）因徇私舞弊招收不合格的公务员、学生，导致被排挤的合格人员或者其近亲属自杀、自残造成重伤、死亡，或者精神失常的；（5）因徇私舞弊招收公务员、学生，导致该项招收工作重新进行的；（6）其他情节严重的情形。

第四百一十九条 **【失职造成珍贵文物损毁、流失罪】**国家机关工作人员严重不负责任，造成珍贵文物损毁或者流失，后果严重的，处三年以下有期徒刑或者拘役。

第十章　军人违反职责罪

第四百二十条　【军人违反职责罪的概念】军人违反职责，危害国家军事利益，依照法律应当受刑罚处罚的行为，是军人违反职责罪。

第四百二十一条　【战时违抗命令罪】战时违抗命令，对作战造成危害的，处三年以上十年以下有期徒刑；致使战斗、战役遭受重大损失的，处十年以上有期徒刑、无期徒刑或者死刑。

第四百二十二条　【隐瞒、谎报军情罪】【拒传、假传军令罪】故意隐瞒、谎报军情或者拒传、假传军令，对作战造成危害的，处三年以上十年以下有期徒刑；致使战斗、战役遭受重大损失的，处十年以上有期徒刑、无期徒刑或者死刑。

★　**第四百二十三条**　【投降罪】在战场上贪生怕死，自动放下武器投降敌人的，处三年以上十年以下有期徒刑；情节严重的，处十年以上有期徒刑或者无期徒刑。

投降后为敌人效劳的，处十年以上有期徒刑、无期徒刑或者死刑。

★　**第四百二十四条**　【战时临阵脱逃罪】战时临阵脱逃的，处三年以下有期徒刑；情节严重的，处三年以上十年以下有期徒刑；致使战斗、战役遭受重大损失的，处十年以上有期徒刑、无期徒刑或者死刑。

> **疑难注释**
>
> 　　这里规定的"临阵脱逃"，是指在战场上或者在临战或战斗状态下，擅自脱离岗位逃避战斗的行为。应当注意的是，如果指挥人员、值班、值勤人员在战时不是由于畏惧战斗临阵脱逃，而是由于其他原因擅自离开自己岗位的，不构

成本罪，而应按照本法第 425 条关于擅离、玩忽军事职守罪
的规定追究刑事责任。

★ **第四百二十五条** 【擅离、玩忽军事职守罪】指挥人员和值
班、值勤人员擅离职守或者玩忽职守，造成严重后果的，处三年以
下有期徒刑或者拘役；造成特别严重后果的，处三年以上七年以下
有期徒刑。

战时犯前款罪的，处五年以上有期徒刑。

疑难注释

应当注意的是，指挥人员和值班、值勤人员战时擅离职
守的犯罪与军人战时临阵脱逃的犯罪是不同的。前者的主体
是特定的，即指挥人员和值班、值勤人员，后者的主体则是
一般军人；前者的行为是擅离职守行为，后者的行为则是贪
生怕死，畏惧战斗，临阵脱逃行为；前者要求造成了严重的
后果，后者则不要求造成后果即可构成犯罪。

★ **第四百二十六条** 【阻碍执行军事职务罪】以暴力、威胁方
法，阻碍指挥人员或者值班、值勤人员执行职务的，处五年以下
有期徒刑或者拘役；情节严重的，处五年以上十年以下有期徒刑；
情节特别严重的，处十年以上有期徒刑或者无期徒刑。战时从重
处罚。

疑难注释

《刑法修正案（九）》取消了阻碍执行军事职务罪的
死刑。

第四百二十七条 　【指使部属违反职责罪】滥用职权，指使部属进行违反职责的活动，造成严重后果的，处五年以下有期徒刑或者拘役；情节特别严重的，处五年以上十年以下有期徒刑。

第四百二十八条 　【违令作战消极罪】指挥人员违抗命令，临阵畏缩，作战消极，造成严重后果的，处五年以下有期徒刑；致使战斗、战役遭受重大损失或者有其他特别严重情节的，处五年以上有期徒刑。

第四百二十九条 　【拒不救援友邻部队罪】在战场上明知友邻部队处境危急请求救援，能救援而不救援，致使友邻部队遭受重大损失的，对指挥人员，处五年以下有期徒刑。

第四百三十条 　【军人叛逃罪】在履行公务期间，擅离岗位，叛逃境外或者在境外叛逃，危害国家军事利益的，处五年以下有期徒刑或者拘役；情节严重的，处五年以上有期徒刑。

驾驶航空器、舰船叛逃的，或者有其他特别严重情节的，处十年以上有期徒刑、无期徒刑或者死刑。

★★　**第四百三十一条** 　【非法获取军事秘密罪】以窃取、刺探、收买方法，非法获取军事秘密的，处五年以下有期徒刑；情节严重的，处五年以上十年以下有期徒刑；情节特别严重的，处十年以上有期徒刑。

【为境外窃取、刺探、收买、非法提供军事秘密罪】为境外的机构、组织、人员窃取、刺探、收买、非法提供军事秘密的，处五年以上十年以下有期徒刑；情节严重的，处十年以上有期徒刑、无期徒刑或者死刑。

★　**第四百三十二条** 　【故意泄露军事秘密罪】【过失泄露军事秘密罪】违反保守国家秘密法规，故意或者过失泄露军事秘密，情节严重的，处五年以下有期徒刑或者拘役；情节特别严重的，处五年以上十年以下有期徒刑。

战时犯前款罪的，处五年以上十年以下有期徒刑；情节特别严重的，处十年以上有期徒刑或者无期徒刑。

　　第四百三十三条　【战时造谣惑众罪】战时造谣惑众，动摇军心的，处三年以下有期徒刑；情节严重的，处三年以上十年以下有期徒刑；情节特别严重的，处十年以上有期徒刑或者无期徒刑。

　　★★　第四百三十四条　【战时自伤罪】战时自伤身体，逃避军事义务的，处三年以下有期徒刑；情节严重的，处三年以上七年以下有期徒刑。

　　第四百三十五条　【逃离部队罪】违反兵役法规，逃离部队，情节严重的，处三年以下有期徒刑或者拘役。

　　战时犯前款罪的，处三年以上七年以下有期徒刑。

　　第四百三十六条　【武器装备肇事罪】违反武器装备使用规定，情节严重，因而发生责任事故，致人重伤、死亡或者造成其他严重后果的，处三年以下有期徒刑或者拘役；后果特别严重的，处三年以上七年以下有期徒刑。

　　第四百三十七条　【擅自改变武器装备编配用途罪】违反武器装备管理规定，擅自改变武器装备的编配用途，造成严重后果的，处三年以下有期徒刑或者拘役；造成特别严重后果的，处三年以上七年以下有期徒刑。

　　★　第四百三十八条　【盗窃、抢夺武器装备、军用物资罪】盗窃、抢夺武器装备或者军用物资的，处五年以下有期徒刑或者拘役；情节严重的，处五年以上十年以下有期徒刑；情节特别严重的，处十年以上有期徒刑、无期徒刑或者死刑。

　　盗窃、抢夺枪支、弹药、爆炸物的，依照本法第一百二十七条的规定处罚。

　　第四百三十九条　【非法出卖、转让武器装备罪】非法出卖、转让军队武器装备的，处三年以上十年以下有期徒刑；出卖、转让大量武器装备或者有其他特别严重情节的，处十年以上有期徒刑、无期徒刑或者死刑。

第四百四十条 【遗弃武器装备罪】违抗命令，遗弃武器装备的，处五年以下有期徒刑或者拘役；遗弃重要或者大量武器装备的，或者有其他严重情节的，处五年以上有期徒刑。

第四百四十一条 【遗失武器装备罪】遗失武器装备，不及时报告或者有其他严重情节的，处三年以下有期徒刑或者拘役。

第四百四十二条 【擅自出卖、转让军队房地产罪】违反规定，擅自出卖、转让军队房地产，情节严重的，对直接责任人员，处三年以下有期徒刑或者拘役；情节特别严重的，处三年以上十年以下有期徒刑。

第四百四十三条 【虐待部属罪】滥用职权，虐待部属，情节恶劣，致人重伤或者造成其他严重后果的，处五年以下有期徒刑或者拘役；致人死亡的，处五年以上有期徒刑。

第四百四十四条 【遗弃伤病军人罪】在战场上故意遗弃伤病军人，情节恶劣的，对直接责任人员，处五年以下有期徒刑。

第四百四十五条 【战时拒不救治伤病军人罪】战时在救护治疗职位上，有条件救治而拒不救治危重伤病军人的，处五年以下有期徒刑或者拘役；造成伤病军人重残、死亡或者有其他严重情节的，处五年以上十年以下有期徒刑。

第四百四十六条 【战时残害居民、掠夺居民财物罪】战时在军事行动地区，残害无辜居民或者掠夺无辜居民财物的，处五年以下有期徒刑；情节严重的，处五年以上十年以下有期徒刑；情节特别严重的，处十年以上有期徒刑、无期徒刑或者死刑。

第四百四十七条 【私放俘虏罪】私放俘虏的，处五年以下有期徒刑；私放重要俘虏、私放俘虏多人或者有其他严重情节的，处五年以上有期徒刑。

第四百四十八条 【虐待俘虏罪】虐待俘虏，情节恶劣的，处三年以下有期徒刑。

第四百四十九条 【战时缓刑】在战时，对被判处三年以下有期徒刑没有现实危险宣告缓刑的犯罪军人，允许其戴罪立功，确有立功表现时，可以撤销原判刑罚，不以犯罪论处。

　　第四百五十条　【本章适用范围】本章适用于中国人民解放军的现役军官、文职干部、士兵及具有军籍的学员和中国人民武装警察部队的现役警官、文职干部、士兵及具有军籍的学员以及文职人员、执行军事任务的预备役人员和其他人员。

　　第四百五十一条　【战时的概念】本章所称战时，是指国家宣布进入战争状态、部队受领作战任务或者遭敌突然袭击时。

　　部队执行戒严任务或者处置突发性暴力事件时，以战时论。

附　　则

第四百五十二条　【施行日期】本法自 1997 年 10 月 1 日起施行。

列于本法附件一的全国人民代表大会常务委员会制定的条例、补充规定和决定，已纳入本法或者已不适用，自本法施行之日起，予以废止。

列于本法附件二的全国人民代表大会常务委员会制定的补充规定和决定予以保留。其中，有关行政处罚和行政措施的规定继续有效；有关刑事责任的规定已纳入本法，自本法施行之日起，适用本法规定。

附件一

全国人民代表大会常务委员会制定的下列条例、补充规定和决定，已纳入本法或者已不适用，自本法施行之日起，予以废止：

1. 中华人民共和国惩治军人违反职责罪暂行条例
2. 关于严惩严重破坏经济的罪犯的决定
3. 关于严惩严重危害社会治安的犯罪分子的决定
4. 关于惩治走私罪的补充规定
5. 关于惩治贪污罪贿赂罪的补充规定
6. 关于惩治泄露国家秘密犯罪的补充规定
7. 关于惩治捕杀国家重点保护的珍贵、濒危野生动物犯罪的补充规定
8. 关于惩治侮辱中华人民共和国国旗国徽罪的决定
9. 关于惩治盗掘古文化遗址古墓葬犯罪的补充规定
10. 关于惩治劫持航空器犯罪分子的决定
11. 关于惩治假冒注册商标犯罪的补充规定
12. 关于惩治生产、销售伪劣商品犯罪的决定
13. 关于惩治侵犯著作权的犯罪的决定
14. 关于惩治违反公司法的犯罪的决定
15. 关于处理逃跑或者重新犯罪的劳改犯和劳教人员的决定

附件二

全国人民代表大会常务委员会制定的下列补充规定和决定予以保留，其中，有关行政处罚和行政措施的规定继续有效；有关刑事责任的规定已纳入本法，自本法施行之日起，适用本法规定：

全国人民代表大会常务委员会制定的下列补充规定和决定予以保留，其中，有关行政处罚和行政措施的规定继续有效；有关刑事责任的规定已纳入本法，自本法施行之日起，适用本法规定：

1. 关于禁毒的决定①

2. 关于惩治走私、制作、贩卖、传播淫秽物品的犯罪分子的决定

3. 关于严禁卖淫嫖娼的决定②

4. 关于严惩拐卖、绑架妇女、儿童的犯罪分子的决定

5. 关于惩治偷税、抗税犯罪的补充规定③

6. 关于严惩组织、运送他人偷越国（边）境犯罪的补充规定④

7. 关于惩治破坏金融秩序犯罪的决定

8. 关于惩治虚开、伪造和非法出售增值税专用发票犯罪的决定

---

① 根据《中华人民共和国禁毒法》第七十一条的规定，本决定自 2008 年 6 月 1 日起废止。

② 根据《全国人民代表大会常务委员会关于废止有关收容教育法律规定和制度的决定》，该决定中第四条第二款、第四款，以及据此实行的收容教育制度自 2019 年 12 月 29 日起废止。

③ 根据《全国人民代表大会常务委员会关于废止部分法律的决定》，该补充规定自 2009 年 6 月 27 日起废止。

④ 根据《全国人民代表大会常务委员会关于废止部分法律的决定》，该补充规定自 2009 年 6 月 27 日起废止。

全国人民代表大会常务委员会
关于惩治骗购外汇、逃汇和非法
买卖外汇犯罪的决定

（1998 年 12 月 29 日第九届全国人民代表大会常务
委员会第六次会议通过　1998 年 12 月 29 日中华人民
共和国主席令第 14 号公布　自公布之日起施行）

为了惩治骗购外汇、逃汇和非法买卖外汇的犯罪行为，维护
国家外汇管理秩序，对刑法作如下补充修改：

一、有下列情形之一，骗购外汇，数额较大的，处五年以下
有期徒刑或者拘役，并处骗购外汇数额百分之五以上百分之三十
以下罚金；数额巨大或者有其他严重情节的，处五年以上十年以
下有期徒刑，并处骗购外汇数额百分之五以上百分之三十以下罚
金；数额特别巨大或者有其他特别严重情节的，处十年以上有期
徒刑或者无期徒刑，并处骗购外汇数额百分之五以上百分之三十
以下罚金或者没收财产：

（一）使用伪造、变造的海关签发的报关单、进口证明、外汇
管理部门核准件等凭证和单据的；

（二）重复使用海关签发的报关单、进口证明、外汇管理部门
核准件等凭证和单据的；

（三）以其他方式骗购外汇的。

伪造、变造海关签发的报关单、进口证明、外汇管理部门核
准件等凭证和单据，并用于骗购外汇的，依照前款的规定从重
处罚。

明知用于骗购外汇而提供人民币资金的，以共犯论处。

单位犯前三款罪的，对单位依照第一款的规定判处罚金，并对其直接负责的主管人员和其他直接责任人员，处五年以下有期徒刑或者拘役；数额巨大或者有其他严重情节的，处五年以上十年以下有期徒刑；数额特别巨大或者有其他特别严重情节的，处十年以上有期徒刑或者无期徒刑。

二、买卖伪造、变造的海关签发的报关单、进口证明、外汇管理部门核准件等凭证和单据或者国家机关的其他公文、证件、印章的，依照刑法第二百八十条的规定定罪处罚。

三、将刑法第一百九十条修改为：公司、企业或者其他单位，违反国家规定，擅自将外汇存放境外，或者将境内的外汇非法转移到境外，数额较大的，对单位判处逃汇数额百分之五以上百分之三十以下罚金，并对其直接负责的主管人员和其他直接责任人员，处五年以下有期徒刑或者拘役；数额巨大或者有其他严重情节的，对单位判处逃汇数额百分之五以上百分之三十以下罚金，并对其直接负责的主管人员和其他直接责任人员，处五年以上有期徒刑。

四、在国家规定的交易场所以外非法买卖外汇，扰乱市场秩序，情节严重的，依照刑法第二百二十五条的规定定罪处罚。

单位犯前款罪的，依照刑法第二百三十一条的规定处罚。

五、海关、外汇管理部门以及金融机构、从事对外贸易经营活动的公司、企业或者其他单位的工作人员与骗购外汇或者逃汇的行为人通谋，为其提供购买外汇的有关凭证或者其他便利的，或者明知是伪造、变造的凭证和单据而售汇、付汇的，以共犯论，依照本决定从重处罚。

六、海关、外汇管理部门的工作人员严重不负责任，造成大量外汇被骗购或者逃汇，致使国家利益遭受重大损失的，依照刑法第三百九十七条的规定定罪处罚。

七、金融机构、从事对外贸易经营活动的公司、企业的工作人员严重不负责任，造成大量外汇被骗购或者逃汇，致使国家利益遭受重大损失的，依照刑法第一百六十七条的规定定罪处罚。

八、犯本决定规定之罪，依法被追缴、没收的财物和罚金，一律上缴国库。

九、本决定自公布之日起施行。

图书在版编目（CIP）数据

中华人民共和国刑法：注释红宝书/《法律法规注释红宝书》编写组编. -- 北京：中国法治出版社，2025.6. -- （法律法规注释红宝书）. -- ISBN 978-7-5216-5141-6

Ⅰ. D924.05

中国国家版本馆 CIP 数据核字第 20257V9T62 号

责任编辑：成知博　　　　　　　　　　　封面设计：赵　博

中华人民共和国刑法：注释红宝书
ZHONGHUA RENMIN GONGHEGUO XINGFA：ZHUSHI HONGBAOSHU

编者者/《法律法规注释红宝书》编写组
经销/新华书店
印刷/三河市紫恒印装有限公司
开本/880 毫米×1230 毫米　64 开　　　　　印张/ 4.125　字数/ 193 千
版次/2025 年 6 月第 1 版　　　　　　　　　2025 年 6 月第 1 次印刷

中国法治出版社出版
书号 ISBN 978-7-5216-5141-6　　　　　　　定价：18.00 元

北京市西城区西便门西里甲 16 号西便门办公区
邮政编码：100053　　　　　　　　　　　　传真：010-63141600
网址：http://www.zgfzs.com　　　　　　编辑部电话：010-63141809
市场营销部电话：010-63141612　　　　　印务部电话：010-63141606

（如有印装质量问题，请与本社印务部联系。）